ASCHENDORFFS LESEHEFTE
zu Aschendorffs Sammlung lateinischer und griechischer Klassiker

LUKIAN VON SAMOSATA

DER TRAUM
GÖTTERGESPRÄCHE

Ausgewählt, eingeleitet
und kommentiert von
MICHAEL OBERHAUS

Lernvokabular

ASCHENDORFF MÜNSTER

© 1988 Aschendorffsche Verlagsbuchhandlung GmbH & Co., Münster

Das Werk und seine Teile sind urheberrechtlich geschützt.
Jede Verwertung in anderen als den gesetzlich zugelassenen Fällen bedarf deshalb
der vorherigen schriftlichen Einwilligung des Verlages.

Gesamtherstellung: Aschendorffsche Verlagsbuchhandlung GmbH & Co., Münster, 1988

ISBN 3-402-02263-X

Lernvokabular zum Enhypnion
und
zu den Göttergesprächen

Vorbemerkung

Die Wörter sind in der Reihenfolge ihres Erscheinens im Text aufgeführt. Bei den Verben sind in den meisten Fällen die Stammformen, gelegentlich auch wichtige sprachgeschichtliche Erläuterungen beigefügt. Typische Konstruktionen sind ebenfalls vermerkt. Die Verweise innerhalb des Vokabulars sollen darauf aufmerksam machen, daß das entsprechende Wort schon einmal gelernt wurde und eigentlich bekannt sein müßte. So lassen sich leicht die Fortschritte in der Festigung und Erweiterung des Wortschatzes während der Lernarbeit selbst überprüfen. Wörter, die sich in ein und demselben Gespräch wiederholen, sind nicht doppelt aufgeführt.

Dem eigentlichen Vokabular sind zwei Verzeichnisse vorangestellt. Sie enthalten immer wiederkehrende Wörter, die sicher schnell wiederholt und damit für die Lektüre parat sind. Das zweite Verzeichnis enthält die Präpositionen, die in den Texten vorkommen. Hier ist auch ihre Bedeutung als Präverbien (d. h. in den Komposita) aufgenommen, da im Lernvokabular sonst gewöhnlich nur die Simplicia angegeben sind. Es empfiehlt sich, diese Seite immer wieder einmal zur Wiederholung heranzuziehen. Denn die Kenntnis der Präpositionen und Präverbien bringt für die Herleitung von Bedeutungen auch in der späteren Lektüre großen Nutzen.

Immer wiederkehrende Wörter

οὗτος, αὕτη, τοῦτο	dieser
ἐκεῖνος, -η, -ο	jener
ὅδε, ἥδε, τόδε	dieser (da)
ὁ μὲν ... ὁ δὲ	der eine ... der andere
ὅς, ἥ, ὅ	welcher, der (Relativpronomen)
τοιοῦτος, τοιαύτη, τοιοῦτο	so beschaffen, solcher
οἷος, οἵα, οἷον	wie beschaffen, wie (relativ und indirekt fragend)
τοσοῦτος, τοσαύτη, τοσοῦτο	so groß; im Pl.: so viele
ὅσος, -η, -ον	wie groß; im Pl.: wie viele (relativ und indirekt fragend)
ὁπόσος, -η, -ον	wie groß; Pl.: wie viele (indirekt fragend)
ἕτερος, -α, -ον	der eine (von zweien)
ἅτερος	= ὁ ἕτερος
ὅστις, ἥτις, ὅ τι	wer (auch immer), welcher (relativ und indirekt fragend)
τίς, τί	wer? was? (Fragepronomen, leitet unabhängige und auch abhängige Fragen ein)
τοῦ/του	Nebenform zu: τίνος, τινός (enkl.)
τῷ/τῳ	Nebenform zu: τίνι, τινί (enkl.)
εἷς, μία, ἕν	eins; einer, ein einziger
οὐδείς, οὐδεμία, οὐδέν	niemand, nichts
αὐτός, αὐτή, αὐτό	1. selbst
	2. derselbe (mit Artikel: ὁ αὐτός)
	3. er, sie, es (Ersatz des fehlenden Personalpronomens der 3. Sg. u. Pl.)
	auch Possessivpronomen der 3. Sg./Pl.: οἱ ἵπποι αὐτοῦ seine Pferde
ὡς	1. wie, als, daß
	2. beim Partizip: weil (subjektiver Grund) beim Part. Fut.: um zu, damit
	3. beim Konjunktiv: damit
ὥστε	1. Einleitung eines Nebensatzes: so daß a. mit finitem Prädikat (Ind.) = tatsächliche Folge
	b. mit Infinitiv oder a.c.i. = beabsichtigte Folge
	2. Einleitung eines Hauptsatzes: daher, so

Praepositionen und Praeverbien

Prae-position	Genitiv	Dativ	Akkusativ	im Kompositum
ἀνά	—	—	an-hinauf über-hin	hinauf-, auf-: ἀνελκύω ἀναλαμβάνω zurück-, wieder: ἀνέρχομαι
ἀντί	statt, anstelle von	—	—	gegen: ἀντέχω („dagegen halten, widersprechen")
ἀπό	von-weg/her	—	—	ab-, weg-: ἀποβαίνω
διά	durch	—	wegen	durch, bis zu Ende: διέρχομαι auseinander: διακρίνω
εἰς	—	—	in-hinein, auf, nach, zu, gegen	ein-, hinein-: εἰσπίπτω
ἐν	—	in, an, auf, bei	—	darin/hinein-: ἐναρμόττω ἐντείνω
ἐκ, ἐξ	aus	—	—	aus-heraus: ἐκπέμπω, ἐκβαίνω völlig: ἐκπλήττω
ἐπί	auf, auf-zu	auf, an, bei; auf Grund von	auf-zu, nach, gegen	darauf-, heran-: ἐπιβαίνω ἐφίημι ἔπειμι hinzu-: ἐπιδείκνυμι, ἐπικαθίζω
κατά	von-herab	—	durch-hin, über-hin, gemäß, nach	herab-: καθίημι völlig: κατακοσμέω gegen, ver-: καταφρονέω
μετά	mit	—	nach	teil-: μετέχω (Teilhabe) um-: μεταβάλλω (Veränderung)
παρά	von-her	bei, neben	zu, neben, vorbei an	dabei-: πάρειμι, παρίσταμαι entlang an: παρέρχομαι
περί	über, wegen	um	um-herum	um-herum: περιέρχομαι mehr-als: περιγίγνομαι

Prae-position	Genitiv	Dativ	Akkusativ	im Kompositum
πρό	vor	—	—	vor-, vorher: προνοέω, προλέγω
πρός	von-her	bei, an	gegen-hin, zu	hin-, an-: προσέρχομαι hinzu-: προσίστημι, προσλέγω
σύν, ξύν	—	mit	—	zusammen: συνταράττω mit: σύνειμι, συγγίγνομαι
ὑπέρ	über, für	—	über-hinaus	über, über-hinaus: ὑπερφέρω
ὑπό	unter, von (unter der Einwirkung von)	unter	unter-hin	unter: ὑποτίθημι, ὑπάγω listig, heimlich: ὑφαιρέω

Lernvokabular zum Enhypnion (E)

τὸ τέκνον	Kind
ἡ παιδεία	Erziehung, Bildung
ἤδη	schon, gerade, endlich
γνώριμος, -ον	bekannt
οὐδέπω	noch nicht
τὸ τέλος, τέλους	Ende, Ziel; Vollendung
πειράομαι	versuchen, erproben, erfahren; τινός jmden/etw.
	Stf.: πειράσομαι ἐπειράθην πεπείραμαι
τὰ ἀγαθά	die Güter
πορίζω	verschaffen, besorgen
	Att. Futur: ποριῶ, -εῖς ... / ποριοῦμαι, -ῇ
λέγω	sagen, sprechen, meinen
	τοῦτο λέγω ich meine dies
	Stf.: ἐρῶ εἶπον εἴρηκα εἴρημαι ἐρρήθην
ἤν	= ἐάν
πείθω	überreden, überzeugen
	Stf.: πείσω ἔπεισα πέπεικα πέπεισμαι ἐπείσθην
πείθομαι	gehorchen
	Stf.: πείσομαι ἐπείσθην πέπεισμαι/πέποιθα = ich vertraue
πρῶτον (adv. Acc.)	zuerst, erstens
δείκνυμι	zeigen, aufzeigen
	Stf.: δείξω ἔδειξα δέδειχα δέδειγμαι ἐδείχθην
παλαιός, -ά, -όν	alt, altehrwürdig
ὁ ἀνήρ, ἀνδρός	Mann, Mensch
τὸ ἔργον	Werk, Arbeit
ἡ πρᾶξις, -εως	Tätigkeit, Unternehmung, Handeln
θαυμαστός, -ή, -όν	bewundernswert, wunderbar
ὁ λόγος	1. die Erzählung, Rede, Ausspruch
	2. Abrechnung, Kalkulation, Überlegung
	3. Begründung, Argumentation, Begriff
ἀγγέλλω (verba liquida)	melden, berichten
	Stf.: ἀγγελῶ ἤγγειλα ἤγγελκα ἤγγελμαι ἠγγέλθην

ἀπαγγέλλω	verkünden
ὡς (ἔπος) εἰπεῖν	sozusagen
ἔμπειρος, -ον	erfahren, kundig in etw.: τινός
ἀποφαίνω	aufzeigen; τινά τι zu etw. machen Stf.: φανῶ ἔφηνα πέφαγκα πέφασμαι ἐφάνθην
ἡ ψυχή	Seele
κοσμέω	schmücken, ausstatten mit (τινί)
ἡ σωφροσύνη	Besonnenheit, (Selbst-) Beherrschung
ἡ εὐσέβεια	Frömmigkeit, Gottesfurcht
ἡ δικαιοσύνη	Gerechtigkeit
ἡ σύνεσις, συνέσεως	Verstand, Einsicht
ὁ ἔρως, ἔρωτος	Liebe, Verlangen, Sehnen
σεμνός, -ή, -όν	verehrungswürdig
ἡ ὁρμή	Aufbruch; Anstoß, Impuls
ἀληθής, -ές	wahr, wahrhaftig, wirklich
ὡς ἀληθῶς	in Wahrheit, wahrhaftig
ὁ κόσμος	Schmuck, Welt, Ordnung
λανθάνω (doppelte Nasalerweiterung)	verborgen sein; konstruiert mit Acc. und Partizip: λανθάνω σε ποιῶν τι ich tue etwas verborgen (heimlich) vor dir, ohne daß du es weißt Stf.: λήσω ἔλαθον (st. Aorist/Aorist II) λέληθα
οὔτε ... οὔτε	weder ... noch
νῦν	jetzt
νυν	(enkl.) nun, also
δεῖ	es ist nötig; mit a. c. i. konstr.; Partizip: δέον (Nom./Akk. Sg. neutr.) οὐ λανθάνει σέ τι δέον ποιεῖσθαι es bleibt dir nicht verborgen, daß etwas getan werden muß
μέλλω	vorhaben, im Begriff sein, etw. wollen; zögern
τὰ μέλλοντα	die zukünftigen Dinge, Geschehnisse
ὁράω	sehen, wahrnehmen; mit a. c. p. konstruiert ὁρῶ σε ἰόντα ich sehe dich gehen; ich

	sehe, daß du gehst
	Stf.: ὄψομαι εἶδον ἑώρακα ὦμμαι ὤφϑην
ὅλως	gänzlich, überhaupt
ϑεῖος, -α, -ον	göttlich, das Göttliche betreffend
ἀνϑρώπινος, -η, -ον	menschlich
μακρός, -ά, -όν	groß, weit
διδάσκω	lehren
	Stf.: διδάξω ἐδίδαξα δεδίδαχα δεδίδαγμαι ἐδιδάχϑην
ὁ πένης, πένητος	der Arme; auch adjektivisch gebraucht: arm
βουλεύομαι	sich beraten; Aorist: einen Beschluß fassen
οὕτω(ς)	so, auf diese Weise
ἡ τέχνη	Kunst, Kunstfertigkeit
μετ' ὀλίγον	wenig nachher, kurz darauf
εἰμί	sein
	Stf.: ἔσομαι ἐγενόμην γεγένημαι/γέγονα
τιμάω	ehren
ἐπαινέω	loben, rühmen
	Stf.: ἐπαινέσομαι ἐπήνεσα ἐπήνεκα (ἐπήνημαι) ἐπηνέϑην
ἀγαϑός, -ή, -όν	gut
	κρείττων, -ον κράτιστος (Stärke)
	βελτίων, -ον βέλτιστος (Sittlichkeit)
	ἀμείνων, -ον ἄριστος (allg.)
	λῴων, -ον λῷστος (Vorteil)
εὐδοκιμέω	in gutem Rufe stehen
τὸ γένος, γένους	Geschlecht, Abstammung
ὁ πλοῦτος	Reichtum
προέχω	den Vorzug haben, überlegen sein
βλέπω	blicken, sehen
ἄν	= ἐάν
που	(enkl.) irgendwo; wohl
τυγχάνω	1. jemanden treffen (τινός), erlangen
	2. mit Partizip: (zufällig) „zufällig" fällt bei der Übers. fast immer weg
	τυγχάνω καϑεύδων ich schlafe
	Stf.: τεύξομαι ἔτυχον τετύχηκα

ἀκούω	hören; hören auf; im Rufe stehen
	εὖ ἀκούω ich stehe in gutem Rufe
	Stf.: ἀκούσομαι ἤκουσα ἀκήκοα (att. Red.)
	ἤκουσμαι ἠκούσθην
θαυμάζω	bewundern; sich wundern, sich fragen
εὐδαιμονίζω	glücklich preisen wegen (τινός)
ἡ δύναμις, -εως	Fähigkeit, Vermögen, Macht, Möglichkeit
ἄρα	also, nun; wirklich
ἀθάνατος, -ον	unsterblich; als Subst. m. Pl.: die Götter
ἔρχομαι	gehen, marschieren
	Stf.: εἶμι ἦλθον ἐλήλυθα (att. Redupl.)
οὔποτε/οὐδέποτε	niemals
παύομαι	aufhören; παύομαι ποιῶν τι ich höre auf,
	etwas zu tun
ἀφίημι	loslassen, entlassen, außer acht lassen
τηλικοῦτος, τηλικαύτη,	so groß
τηλικοῦτο	
λαμπρός, -ά, -όν	herrlich, strahlend
τὸ σχῆμα	Gestalt, Form
εὐπρεπής, -ές	wohlgestaltet, gefällig, passend
ἡ τιμή	Ehre, Ehrung
ἡ δόξα	Meinung, Vorstellung, Ruhm
ὁ ἔπαινος	Lob, Anerkennung
ἡ ἀρχή	Anfang; Herrschaft, Amt
ἐνδύω	einhüllen, hineinsenken
	Stf.: δύσω ἔδυσα – δέδυμαι ἐδύθην
ἐνδύομαι	sich einhüllen, hineinsinken,
	sich überziehen
	Stf.: δύσομαι ἔδυν δέδυκα
λαμβάνω	nehmen, greifen
	Stf.: λήψομαι ἔλαβον εἴληφα εἴλημμαι
	ἐλήφθην
ἡ χείρ, χειρός	die Hand
ἔχω	haben, halten
	Stf.: ἕξω ἔσχον ἔσχηκα
ἄνω	hinauf
κάτω	hinunter
ὁ τρόπος	Art und Weise; Charakter
ταπεινός, -ή, -όν	niedrig, schändlich

ἐλεύθερος, -α, -ον	frei
νοέω	denken, bedenken
εὐσχήμων, -ονος	wohlgestaltet, schön
φροντίζω	Sorge tragen, bedenken
ἥκιστα	am wenigsten, keineswegs
ὁ λίθος	Stein
τοίνυν	also, folglich, gewiß
ὁ ὄνειρος	Traum
διηγέομαι	durchgehen, behandeln (eigtl.: hindurchführen)
ἕνεκα	mit Gen.: wegen, um ... willen
ὁ νέος	Junge, der junge Mann
τρέπω	wenden; Med.: sich wenden
	Stf.: τρέψω ἔτρεψα (ἔτραπον) τέτροφα τέτραμμαι ἐτράπην
	Med.: τρέψομαι ἐτραπόμην τέτραμμαι
ἔχομαι	sich halten an, sich beschäftigen mit (τινός)
μάλιστα	am meisten, besonders
ἡ πενία	Armut
κακός, -ή, -όν	schlecht, übel
	κακίων, -ον κάκιστος (allg., Sittlichkeit)
	χείρων, -ον χείριστος (Schwäche)
	ἥττων, -ον [ἥκιστος] ἥκιστα (Unterlegenheit)
ἀποκλίνω	sich hinneigen
ἡ φύσις, εως	Natur, Naturanlage
διαφθείρω (verba liquida)	zerstören
	Stf.: διαφθερῶ διέφθειρα διέφθαρκα διέφθαρμαι διεφθάρην
οἶδα	wissen
	Fut.: εἴσομαι; Imperf.: ᾔδειν (eigtl.: Plquperf.)
ὁ μῦθος	Erzählung, Wort
ἱκανός, -ή, -όν	fähig, hinreichend, geeignet
τὸ παράδειγμα, -ατος	Beispiel, Vorbild
ἵστημι	stellen, hinstellen
	Stf.: στήσω ἔστησα – ἐστάθην
ὁρμάω	1. antreiben 2. aufbrechen
ἐπιθυμέω	nach etw. streben, verlangen (τινός)
γοῦν ~ γε	verstärkende Partikel: doch, wenigstens

Lernvokabular zum ersten Gespräch (G I)

ποιέω	machen, tun, bewirken, bewerkstelligen
κακός, -ή, -όν	schlecht, übel, böse
τὸ κακόν	das Übel, Unglück
ἀπόλλυμι (Aktiv)	zugrunde richten, vernichten
(aus: ἀπόλ-νυμι)	Stf.: ἀπολῶ ἀπώλεσα ἀπολώλεκα
ἀπόλλυμαι (Pass.)	zugrunde gerichtet werden, zugrunde gehen
	Stf.: ἀπολοῦμαι ἀπωλόμην ἀπόλωλα
ἡ γῆ	das Land, die Erde
πᾶς, πᾶσα, πᾶν = ἅπας, ἅπασα, ἅπαν	jeder, ganz; im Pl.: alle
τὸ μειράκιον	der Jugendliche, der junge Mann
ἀνόητος, -ον	(„ohne Verstand") unverständig, uneinsichtig
πιστεύω	vertrauen, anvertrauen
τὸ ἅρμα, -ατος	der Wagen
φέρω	1. bringen, tragen; 2. ertragen
	pass.: gebracht werden, eilen, stürzen
	Stf.: οἴσω ἤνεγκον ἐνήνοχα ἐνήνεγμαι ἠνέχθην; Aorist auch: ἤνεγκα
διαφθείρω (verba liquida)	zerstören, vernichten
	Stf.: διαφθερῶ διέφθειρα διέφθαρκα διέφθαρμαι διεφθάρην
πολύ (adv.)	viel, weit
τὸ πῦρ, πυρός	das Feuer
ὅλως	gänzlich, überhaupt
ταράττω	verwirren, in Unordnung bringen, durcheinanderbringen
συνίημι	verstehen, begreifen
γίγνομαι	werden, entstehen, geschehen
	Stf.: γενήσομαι ἐγενόμην γεγένημαι (γέγονα)
βάλλω	werfen, schleudern
	Stf.: βαλῶ ἔβαλον βέβληκα βέβλημαι ἐβλήθην
μένω (verba liquida)	bleiben 1. aushalten (bei), übrig bleiben 2. erwarten (transitiv)
	Stf.: μενῶ ἔμεινα (μεμένηκα)

καλός, -ή, -όν — schön, gut
πέμπω — schicken
Stf.: πέμψω ἔπεμψα πέπομφα πέπεμμαι ἐπέμφθην

ἁμαρτάνω (Nasalerw.-αν-)
1. τινός etwas verfehlen, verlieren
2. τι in etwas fehlen, sich irren in etw., in etw. sündigen
3. mit praedikativem Partizip: Unrecht tun ἁμαρτάνετε διώκοντες Σωκράτην ihr tut unrecht daran, Sokrates zu verfolgen (anzuklagen)
Stf.: ἁμαρτήσομαι ἥμαρτον ἡμάρτηκα ἡμάρτημαι ἡμαρτήθην

ἀλλά — aber, sondern
χαλεπαίνω — („schwierig sein") entrüstet, unwillig sein über etw., erzürnen
πείθω — überzeugen, überreden (siehe Vok E)
ὁ υἱός — der Sohn
πολύς, πολλή, πολύ — viel
πόθεν/ποθέν — woher? (direkt und indirekt fragend) enklitisch: irgendwoher
ἐλπίζω — erwarten 1. hoffen
           2. ahnen, befürchten
Attisches Futur: ἐλπιῶ

τηλικοῦτος, τηλικαύτη, τηλικοῦτο
1. so alt
2. so groß, so bedeutend

οἶδα — wissen (meist mit folgendem ὅτι oder a.c.p.)
Fut: εἴσομαι Imperf.: ᾔδειν (eigtl. Plquperf.)

δέομαι — τινός 1. etw. brauchen, nötig haben
              2. jemanden bitten
auch: τί τινος jmden um etw. bitten
Stf.: δεήσομαι ἐδεήθην δεδέημαι

ἡ ἀκρίβεια — Genauigkeit, Sorgfalt
τὸ πρᾶγμα, -ατος — 1. die Tat, das Geschäft
2. die Sache, das Ding

βραχύς, βραχεῖα, βραχύ — kurz
βαίνω — gehen
Stf.: βήσομαι ἔβην (Wurzelaorist) βέβηκα

ἡ ὁδός	Weg, Bahn
οἴχομαι	gehen, dahingehen, untergehen
ἀγνοέω	nicht wissen, nicht kennen
ὁ ἵππος	das Pferd
ὁ θυμός	Mut, Herz, Zorn, Temperament
δεῖ	es ist nötig (meist mit nachfolgendem a.c.i.)
ἔχω	haben, halten; mit Inf.: können; wissen
	Stf.: ἕξω (< σέχ – σω) anlautendes σ fällt unter Aspiration aus
	εἶχον (< ἒ – σεχ – ον) Imperfekt
	ἔσχον (< ἒ – σχ – ον) Aorist Schwundstufe
	ἔσχηκα (< ἒ – σχη – κα) Perfekt
ἡ ἀνάγκη	Notwendigkeit, Zwang
ἀνάγκῃ	mit Notwendigkeit, notwendigerweise
ἐνδίδωμι	nachgeben
δίδωμι	geben
	Stf.: δώσω ἔδωκα (ἔδομεν) δέδωκα δέδομαι ἐδόθην
εὐθύς (adv.)	sofort
ἐκφέρω	aus der Bahn tragen, durchgehen
	αὐτὸν ἐξήνεγκον: sie gingen ihm durch
ἄρτι	gerade eben
μετ' ὀλίγον	kurz darauf
δεξιός, -ά, -όν	1. rechts; 2. glücklich
τὸ ἐναντίον	im Gegenteil; das Gegenteil
ὁ δρόμος	Lauf, Richtung, Bahn
ἐνίοτε	manchmal, bisweilen
ἄνω καὶ κάτω	hinauf und hinab, herauf und herunter
βούλομαι	wollen
	Stf.: βουλήσομαι ἐβουλήθην βεβούλημαι (Deponens pass.)
χρήομαι	τινί jmden/etw. gebrauchen, benutzen, mit jmdem etw. anfangen usw.
	Stf.: χρήσομαι ἐχρησάμην κέχρημαι das Wort gehört zu den α-Contracta, kontrahiert jedoch an entsprechenden Stellen nicht auf α, sondern auf η: χρῆται, ἐχρῆσθε usw.

ἐπίσταμαι	sich auf etw. verstehen, wissen
	Stf.: ἐπιστήσομαι ἠπιστήθην
ἐπεί	1. nachdem, als
	2. weil, da (ja)
δακρύω	weinen, jammern
ἡ μήτηρ, μητρός	Mutter
μετά c. gen.	mit
τὸ ἅρμα, -ατος	der Wagen
χρή	es ist nötig (mit nachfolgendem a.c.i.)
εἶτα	dann, darauf
αὖθις	wiederum, ein anderes Mal
ἐγκρατής, -ές	Herr über etw. (τινός)
ἐφίημι	überlassen, nachgeben, preisgeben
λέγω	sagen, sprechen; τι etw. meinen, auf etwas anspielen
	Stf.: ἐρῶ εἶπον εἴρηκα εἴρημαι ἐρρήθην
	auch: λέξω ἔλεξα – λέλεγμαι ἐλέχθην
ὀρθός, -ή, -όν	gerade, recht, richtig
ὁ κίνδυνος	die Gefahr
ἐλαύνω (Nasalerw.)	1. treiben, vertreiben
(Wurzel -ελα-)	2. ziehen, marschieren, reiten
	die intransitive Bedeutung leitet sich von einem zu ergänzenden Objekt ab: z. B. τοὺς ἵππους ἐλαύνειν die Pferde „treiben", reiten
	Stf.: ἐλῶ ἤλασα ἐλήλακα (att. Reduplik.) ἐλήλαμαι ἠλάθην
ἡ/ὁ παῖς, παιδός	Kind, Sohn, Knabe
ἐπιβαίνω	ἐπί τινος etw. betreten
τὸ πῦρ, πυρός	das Feuer
τὸ βάθος, -ους	1. Tiefe; 2. Höhe
πλήττω	schlagen
	Stf.: πλήξω ἔπληξα πέπληγα πέπληγμαι ἐπλήγην
ἐκπλήττω	erschrecken (transitiv)
	im Passiv: erschreckt werden, sich erschrecken, erschrecken
	Aorist: ἐξεπλάγην
	Futur: ἐκπλαγήσομαι
τὸ εἰκός	die Wahrscheinlichkeit

αἰσθάνομαι (Nasalerw.)	wahrnehmen, bemerken
	Stf.: αἰσθήσομαι ᾐσθόμην ᾔσθημαι
καταφρονέω	verachten (τινός oder τινά jmden)
τρέπω	wenden
	Stf.: τρέψω ἔτρεψα τέτροφα τέτραμμαι ἐτράπην
	in der Bedeutung: sich wenden
	τρέψομαι ἐτραπόμην/ἐτράπην τέτραμμαι
δεινός, -ή, -όν	schrecklich, gewaltig
	δεινὸς λέγειν gewaltig im Reden
	τὰ δεινά die schrecklichen Dinge
ἀφίημι	loslassen
οἴομαι/οἶμαι	glauben
	Stf.: οἰήσομαι ᾠήθην
δείδω	fürchten (Stamm -δει-)
	gewöhnlich sind die Perfektformen in gleicher (d. h. praesentischer) Bedeutung häufiger:
	δέδοικα (Stamm -δοι-) oder
	δέδια (Stamm -δι- = Schwundstufe)
πίπτω	fallen
(Wurzel:	Stf.: πεσοῦμαι ἔπεσον πέπτωκα
πετ- πτ- πτω-)	im Praes. Reduplikation πί-
ἔχομαι	sich halten an (τινός)
ἤδη	schon, gerade
ἡ δίκη	1. das Recht
	2. der Rechtsstreit, Prozeß
	3. die Strafe
ἱκανός, -ή, -όν	hinreichend, ausreichend, geeignet
τολμάω	wagen
οὖν	also, nun, folglich
ἡ συγγνώμη	Verzeihung, Verständnis
νέμω	zuteilen, zukommen lassen
	Stf.: νεμῶ ἔνειμα νενέμηκα νενέμημαι ἐνεμήθην
	im Medium auch: sich zuteilen, weiden
λοιπός, -ή, -όν	übrig
εἰς τὸ λοιπόν	für die Zukunft, in Zukunft
ἤν	= ἐάν

ὅμοιος, -α, -ον | ähnlich
αὐτίκα | sofort, im selben Augenblick
ὁ ἀδελφός/ἡ ἀδελφή | Bruder/Schwester
ἵνα | 1. mit Konjunktiv: damit
2. mit Indikativ oder obliquem Opt.: wo

περ (enkl.) | verstärkende Partikel: ja, doch
τὸ πάϑος, -ους | das Leid
μιμνῄσκω/ἀναμιμνῄσκω | jmden erinnern (τινά τι/τινός)
(verba inchoativa mit Praesensreduplikation) | Pass.: sich erinnern τινός
Stf.: (ἀνα-)μνήσω (ἀν-)ἔμνησα
Pass.: μνησϑήσομαι ἐμνήσϑην μέμνημαι

μέμνημαι | an etw. (τινός) denken

Lernvokabular zum zweiten Gespräch (G II)

ὁράω	sehen
	Stf.: ὄψομαι εἶδον ἑώρακα (ὄπωπα) ἑώραμαι (ὦμμαι) ὤφθην
	Infinitiv Aor.: ἰδεῖν
ἄρτι	eben, gerade
τίκτω	gebären
	Stf.: τέξομαι ἔτεκον τέτοκα
καλός, -ή, -όν	schön, gut (im ästhetischen und ethischen Sinne)
	καλλίων, -ον κάλλιστος
δηλόω	zeigen, aufzeigen, klarmachen mit Partizip: „offenbaren"
	δηλῶ ποιῶν τι ich tue offenbar etwas
ἤδη	schon, jetzt
μέγας, μεγάλη, μέγα	groß
	μείζων, -ον μέγιστος
ἀγαθός, -ή, -όν	gut; Steigerungsformen:
	ἀμείνων, -ον ἄριστος (allg.)
	βελτίων, -ον βέλτιστος (Sittlichkeit)
	κρείττων, -ον κράτιστος (Stärke)
	λῴων, -ον λῷστος (Vorteil)
βαίνω	Vok G I
ἦ	1. fürwahr, in der Tat
	2. Fragepartikel
ἤ	1. oder ἤ ... ἤ entweder ... oder
	2. nach Komparativ: als
ὅσον	soweit als, insofern
ἀδικέω	Unrecht tun, kränken τινά jmden Pass.: Unrecht leiden
δύναμαι	können, imstande sein, vermögen; bedeuten
	Stf.: δυνήσομαι ἐδυνήθην δεδύνημαι; Aor. auch: ἐδυνάσθην
ἐρωτάω	fragen
	Stf.: ἐρωτήσω ἠρώτησα ἠρώτηκα ἠρώτημαι ἠρωτήθην
	Aorist II: ἠρόμην Inf.: ἐρέσθαι

κλέπτω	stehlen
	Stf.: κλέψω ἔκλεψα κέκλοφα (starkes Perfekt) κέκλεμμαι ἐκλάπην (starker Aorist/Aorist II)
ἕλκω	ziehen, schleppen
	Stf.: ἕλξω εἵλκυσα εἵλκυκα εἵλκυσμαι εἱλκύσθην
λανθάνω	verborgen sein
(doppelte Nasalerw.)	Stf.: λήσω ἔλαθον λέληθα
λαθόν	heimlich
ἵνα	Vok G I
λέγω	Vok G I
τὸ τόξον	Bogen
τὸ βέλος, βέλους	Pfeil, Geschoß
μόλις/μόγις (adv.)	mit Mühe, kaum
ἵστημι	stellen, hinstellen
	Stf.: στήσω ἔστησα – – ἐστάθην
ἵσταμαι	sich stellen, treten, hintreten
	Stf.: στήσομαι ἔστην (Wurzelaorist) ἕστηκα (< σέστηκα)
οἶδα	Vok G I
ἔρχομαι	kommen, gehen
	Stf.: εἶμι ἦλθον ἐλήλυθα (att. Redupl.)
μόνος, -η, -ον	allein, einzig
μόνον (adv.)	nur
καὶ μήν	und in der Tat
τί οὖν;	überleitende Formel; je nach dem Sinnzusammenhang zu übersetzen; wörtl.: was also?
ἀπόλλυμι	Vok G I
	im Pass. auch: „verschwinden"
ὅμως	dennoch
ἐπισκέπτομαι	genau betrachten, untersuchen (auch ein Begriff der philosophischen Sprache: auf eine Entscheidung hin prüfen)
	Stf.: ἐπισκέψομαι ἐπεσκεψάμην ἐπέσκεμμαι
ἀκριβής, -ές	genau, sorgfältig (ἡ ἀκρίβεια)
μά	fürwahr; mit Acc. einer Gottheit: bei . . .: μὰ Δία beim Zeus!

που	Vok G I
ὀξύς, -εῖα, -ύ	scharf, spitz; heftig, flink
ἡ χείρ, χειρός	die Hand
καθάπερ	= καθ' ἅπερ = ὡς
	wird genauso verwendet wie ὡς
ἡ γαστήρ, γαστρός	der Magen, Bauch
μελετάω	üben
ἐκμελετάω	erlernen
ἀκούω	hören
	Stf.: ἀκούσομαι ἤκουσα ἀκήκοα (att. Red.)
	ἤκουσμαι ἠκούσθην
ἐθέλω/θέλω	wollen
	Stf.: ἐθελήσω ἠθέλησα
χθές	gestern
καλέω	rufen, nennen
	Stf.: καλῶ ἐκάλεσα κέκληκα κέκλημαι
	(= ich heiße) ἐκλήθην
εὐθύς (adv.)	sofort
αἱρέω	nehmen; ergreifen, fangen
	Stf.: αἱρήσω εἷλον ᾕρηκα ᾕρημαι ᾑρέθην
	Med.: für sich nehmen, wählen
	αἱρήσομαι εἱλόμην ᾕρημαι
εἶτα	dann, darauf
μεταξύ	1. Praep. b. Gen.: zwischen
	2. adv. inzwischen, zwischenzeitlich
ἐπαινέω	loben
	Stf.: ἐπαινέσομαι ἐπῄνεσα ἐπῄνεκα
	ἐπῃνέθην
ἡ νίκη	der Sieg
γελάω	lachen
	Stf.: γελάσομαι ἐγέλασα γεγέλακα
	γεγέλασμαι ἐγελάσθην
ἔτι	noch, ferner
βαρύς, -εῖα, -ύ	schwer
ὁ/ἡ παῖς, παιδός	Kind; Sohn, Tochter
τὸ πῦρ, πυρός	Feuer
φημί	sagen, sprechen, meinen
	Stf.: φήσω ἔφησα; Inf.: φάναι;
	Imperf.: ἔφην

μουσικός, -ή, -όν	zur Musik gehörig, musisch, musikalisch
τεκμαίρομαι	vermuten, erschließen
ἔχω	Vok G I
ποῦ/που	1. wo (interrogativ)
	2. (enklitisch!) irgendwo; wohl
νεκρός, -ά, -όν	tot
εὑρίσκω	finden, auffinden, entdecken
(verba inchoativa)	Stf.: εὑρήσω ηὗρον ηὕρηκα ηὕρημαι ηὑρέθην
τὸ ὄργανον	Werkzeug, Gerät, Instrument
ἁρμόττω/ἁρμόζω	fügen, zusammenfügen
τίθημι	setzen, stellen, legen;
	mit dopp. Akk.: zu etw. machen
	Stf.: θήσω ἔθηκα τέθηκα κεῖμαι ἐτέθην
τείνω	spannen, ausdehnen
(verba liquida)	Stf.: τενῶ ἔτεινα τέτακα τέταμαι ἐτάθην
πάνυ	gänzlich, ganz und gar, sehr
φθονέω	τινί jmden beneiden, τινός um etwas
πάλαι	(schon) längst, seit alters her
ἀσκέω	üben, ausüben
μένω	Vok G I
ἡ νύξ, νυκτός	Nacht
ὁ οὐρανός	Himmel
κάτειμι	hinabgehen
ἐκεῖθεν	von dort
-θεν	dieses Suffix bezeichnet die Herkunft („woher?")
θαυμαστός, -ή, -όν ⎫ θαυμάσιος, -α, -ον ⎬	bewundernswert, wunderlich, seltsam
ἡ δύναμις, -εως	Macht, Fähigkeit, Möglichkeit
ἡ ψυχή	Seele (insbesondere die der Verstorbenen)
ἄγω	führen, treiben
	Stf.: ἄξω ἤγαγον ἦχα ἦγμαι ἤχθην
δίδωμι	geben
	Stf.: δώσω ἔδωκα δέδωκα δέδομαι ἐδόθην
τοιγαροῦν	demnach, also
ὁ μισθός	Lohn, Vergeltung
μιμνήσκω	Vok G I

βαδίζω	gehen, wandeln, sich an etw. machen
	Stf.: βαδιοῦμαι (att. Fut.) ἐβάδισα
λαμβάνω	nehmen, ergreifen, fassen
(doppelte Nasalerw.)	Stf.: λήψομαι ἔλαβον εἴληφα εἴλημμαι ἐλήφθην

Lernvokabular zum dritten Gespräch (G III)

ἡ μήτηρ, μητρός	die Mutter
ὁ οὐρανός	der Himmel
ἄθλιος, -α, -ον	mühselig, unglücklich
λέγω	Vok G I
τὸ πρᾶγμα, -ατος	Vok G I
ἔχω	Vok G I
πράγματα ἔχω	Schwierigkeiten haben
μόνος, -η, -ον	Vok G II
κάμνω	1. sich abmühen
	2. müde werden
	3. leiden (am Kopf τὴν κεφαλήν)
	Stf.: καμοῦμαι ἔκαμον κέκμηκα
τε (enkl.)	und (auch ohne nachfolgendes καί)
ἕκαστος, -η, -ον	jeder einzelne
ἵστημι	Vok G II
διαφέρειν	1. sich unterscheiden (τινός)
	2. sich auszeichnen
	hindurchtragen, verteilen
	Stf.: siehe Vok G I
ἡ ἀγγελία	Botschaft, Meldung
ἄνω/κάτω	Vok G I
ἔρχομαι	Vok G II
ἔτι	noch, ferner
τίθημι	1. setzen, stellen, legen
	2. zu etw. machen (mit doppeltem Acc.)
	Stf.: θήσω ἔθηκα τέθηκα κεῖμαι ἐτέθην
πρίν	bevor
ἥκω	kommen, dasein (Fut.: ἥξω)
δεινός, -ή, -όν	gewaltig 1. negativ: schrecklich
	2. positiv: δεινὸς λέγειν
	gewaltig im Reden
ἡ νύξ, νυκτός	Nacht
καθεύδω	schlafen
ἄλλος, -η, -ον	ein anderer (unter vielen)
ὁ ἕτερος, -α, -ον	der andere (von zweien)
τότε (auch enkl.)	damals, dann
ἡ ψυχή	Vok G II

ἄγω	1. führen, treiben; 2. ziehen, marschieren (vgl. ἐλαύνω Vok G I) Stf.: ἄξω ἤγαγον (att. Redupl.) ἦχα ἦγμαι ἤχϑην
νεκρός, -ά, -όν	tot; subst.: der Leichnam
πέμπω	Vok G I Bedeutung auch: „geleiten"
τὸ δικαστήριον	der Gerichtshof, das Gericht
ἱκανός, -ή, -όν	ausreichend, hinreichend
ἡ ἡμέρα	Tag
τὸ ἔργον	Werk, Tat
ἡ ἐκκλησία	Volksversammlung
κηρύττω	melden, verkünden, Ausrufer sein
ὁ ῥήτωρ, ῥήτορος	Redner, Redelehrer
διδάσκω	lehren, mitteilen Stf.: διδάξω ἐδίδαξα δεδίδαχα δεδίδαγμαι ἐδιδάχϑην
τὸ μέρος, μέρους	Teil
καίτοι	indessen, allerdings
τὸ τέκνον	das Kind (τίκτω, -τεκ-)
ἑκάτερος, -α, -ον	jeder (von zweien)
ἀναγκαῖος, -α, -ον	notwendig
ἀναγκαῖόν ἐστιν	es ist notwendig
ἡ γυνή, γυναικός	Frau
ἄρτι	eben, gerade
ἡ ϑυγάτηρ, ϑυγατρός	Tochter
ὁράω	Vok G II
πράττω	betreiben, bewirken, tun Stf.: πράξω ἔπραξα πέπραγα πέπραγμαι ἐπράχϑην
ὁ/ἡ παῖς, παιδός	Kind, Knabe, junges Mädchen
αὖϑις	wieder, wiederum
ἐπισκέπτομαι	Vok G II
ἐκεῖϑεν	von dort
φημί (enkl.)	Vok G II
ἡ ὁδός	Weg, Richtung
ὅλως	gänzlich, überhaupt

ἀπαγορεύω	„versagen": 1. verbieten, untersagen
	2. (mit part.) bei etwas versagen, (aus Erschöpfung) aufhören
	Stf.: wie λέγω (Vok G I)
	Perf. Akt. auch: ἀπηγόρευκα
γοῦν	wenigstens
δυνατός, -ή, -όν	1. mächtig, fähig (v. Personen)
	2. möglich (v. Sachen)
ἡδύς, -εῖα, -ύ	angenehm, süß
ἀξιόω	1. jmd. für würdig halten (τινά τινος)
	2. fordern, bitten (jmden um etw. τινά τι/a.c.i.)
	3. glauben, meinen
δουλεύω	Sklave sein, dienen
ἐάω	lassen: 1. zulassen; 2. in Ruhe lassen
	Fut.: ἐάσω; Aorist: εἴασα
ὑπηρετέω	dienen, helfen (τινί τι)
ὁ νεανίας, νεανίου	der junge Mann (dekliniert wie δικαστής unter Beachtung der ειρ-Regel)
ἡ πληγή	Schlag, Stoß
βραδύς, βραδεῖα, βραδύ	langsam
λαμβάνω	Vok G II
ἐράω	lieben, sich sehnen nach (τινός)
	nach etw. verlangen (τινός)

Lernvokabular zum vierten Gespräch (G IV)

ἔχω	Vok G I
λέγω	Vok G I
πότερος	wer von beiden
κρίνω/διακρίνω	1. unterscheiden, aussondern, auswählen
(verba liquida)	2. entscheiden, urteilen, richten
χϑές	gestern
συγγίγνομαι	zusammenkommen mit (τινί)
γιγνώσκω/γινώσκω	erkennen
	Stf.: γνώσομαι ἔγνων (Wurzelaor.) ἔγνωκα ἔγνωσμαι ἐγνώσϑην
ὅμοιος, -α, -ον	ähnlich
τὸ πρόσωπον	Gesicht; Maske
τὸ ἴχνος, ἴχνους	Spur
τὸ τραῦμα, ατος	Wunde
λαμβάνω	Vok G II
ἀγωνίζομαι	kämpfen
τιτρώσκω	verwunden
(Praes. Redupl./σκ-Erw.)	Stf.: τρώσω ἔτρωσα τέτρωκα τέτρωμαι ἐτρώϑην
πλέω	segeln, zur See fahren
	Stf.: πλεύσομαι ἔπλευσα πέπλευκα
φαίνω	zeigen
	Stf.: φανῶ ἔφηνα πέφαγκα πέφασμαι ἐφάνϑην
φαίνομαι	1. ich zeige von mir aus (Med.)
	Stf.: φανοῦμαι ἐφηνάμην
	2. sich zeigen, erscheinen (Pass.)
	Stf.: φανοῦμαι (φανήσομαι) ἐφάνην πέφηνα
καϑαρός, -ά, -όν	rein
ὀνίνημι	nützen, fördern
	Stf.: ὀνήσω ὤνησα – – ὠνήϑην
ὀνίναμαι	Nutzen, Vorteil haben
	Stf.: ὀνήσομαι ὠνήμην (ὤνησο, -το usw.)
τὸ γνώρισμα, -ατος	Erkennungszeichen
ἐπεί	1. da, weil; 2. als
ἴσος, -η, -ον	gleich
ἥμισυς, -εια, -υ	halb

ὁ ἀστήρ, ἀστέρος	Stern
τὸ ἀκόντιον	Speer
ἑκάτερος, -α, -ον	jeder von beiden
λευκός, -ή, -όν	(strahlend) weiß
πολλάκις	oft
τὸ ὄνομα, ατος	Namen (lat. nomen ὄ-νο-μα)
ἀτάρ/αὐτάρ	aber, hingegen
ὅδε, ἥδε, τόδε	dieser (da)
ἄμφω	beide
ἄρτι ... ἄρτι	bald ... bald
νεκρός, -ά, -όν	tot
ἀποϑνήσκω	sterben
	Stf.: ἀποϑανοῦμαι ἀπέϑανον τέϑνηκα
	auch Wurzelperfekt: τεϑνάναι
	τεϑνεώς
	τέϑναμεν, -τε
	τεϑνᾶσιν
νέμω	Vok G I
ἀλλήλων, -οις, -αις, -οις usw.	einander
ποϑέω	verlangen, sich sehnen nach, vermissen (τι etwas)
οἴομαι	Vok G I
πλήν	m. Gen.: außer
μαντεύομαι	weissagen
διδάσκω	Vok G III
ἀγαϑός	Vok G II
ἕκαστος, -η, -ον	jeder einzelne
ἡ τέχνη	Kunst, Kunstfertigkeit, Handwerk
χρήσιμος, (-η), -ον	nützlich, brauchbar
τηλικοῦτος	Vok G I
οὐδαμῶς	keineswegs
τάττω	1. aufstellen, ordnen
	2. anordnen, befehlen
ὑπηρετέω	Vok G III
τὸ πέλαγος, -ους	das Meer
ὁ ναύτης, ναύτου	Seemann
καϑίζω	setzen; sich setzen
	Stf.: καϑιῶ ἐκάϑισα
τὸ πλοῖον	Schiff

σῴζω	retten, bewahren
	Stf.: σώσω ἔσωσα σέσωκα σέσῳσμαι ἐσώθην
ἡ σωτηρία	Rettung

Lernvokabular zum fünften Gespräch (G V)

ἀκούω	Vok G I
ἀπειλέω	drohen
ἤν	= ἐάν
ἐθέλω	Vok G II
φημί	Vok G II
ἵημι	lassen, loslassen
	Stf.: ἥσω ἧκα εἷκα εἷμαι εἵθην
βιάζομαι	zwingen, erzwingen
μάτην (adv.)	umsonst, vergeblich
πονέω	sich abmühen, arbeiten, bearbeiten
ἕλκω	Vok G II
μόνον	nur
ἅμα	zugleich
ἡ θάλαττα	das Meer
εἷς, μία, ἕν	eins, einer, ein einziger
ἀγαθός	Vok G II
ἰσχυρός, -ά, -όν	stark, kräftig
ὁμοῦ	zugleich, zusammen
λαμβάνω	Vok G II
πείθω	1. Akt.: überreden, überzeugen
	2. Pass.: sich überreden/überzeugen lassen, gehorchen
ἀσφαλής, -ές	nicht schwankend, sicher
λέγω	Vok G I
ἀπολαύω	genießen (τινός etwas)
οἴομαι	Vok G I
ἐπίσταμαι	sich auf etw. verstehen, wissen
	Stf.: ἐπιστήσομαι ἠπιστήθην
γοῦν ~ γε	wenigstens
γελοῖος, -α, -ον	lächerlich
δοκέω	1. meinen; 2. scheinen
	Stf.: δόξω ἔδοξα δοκεῖ es scheint (gut)
	δόξει ἔδοξε(ν) δέδοκται (es ist beschlossen)
μεταξύ	Vok G II
δύναμαι	können, in der Lage sein, imstande sein
	etw. bedeuten: τοῦτο δύνανται αἱ ἀγγελίαι
	dies haben die Meldungen zu bedeuten

σιωπάω	schweigen
μιμνῄσκω	Vok G I
ὁπότε	1. als, wenn; 2. wann (indirekt fragend)
ἵστημι	Vok G II
ἐπιβουλεύω	einen Anschlag planen (τινί auf jmden/ etw.); etw. beabsichtigen, vorhaben
δέω	binden, fesseln
	Stf.: δήσω ἔδησα δέδεκα δέδεμαι ἐδέϑην
παντοῖος, -α, -ον	allerlei, vielfältig
δείδω	Vok G I
γε	Vok G IV
ἐλεέω	Mitleid empfinden, sich erbarmen
καλέω	rufen; nennen
	Stf.: καλῶ ἐκάλεσα κέκληκα κέκλημαι (ich heiße) ἐκλήϑην
ὁ σύμμαχος	Mitkämpfer, Helfer, Bundesgenosse
λογίζομαι	berechnen, überlegen
	Stf.: λογιοῦμαι ἐλογισάμην λελόγισμαι ἐλογίσϑην
εἶμι	ich werde gehen
	Imperf.: ᾖα ᾔεις ᾔει ᾖμεν ᾖτε ᾖσαν
γελάω	Vok G I

ASCHENDORFFS LESEHEFTE

zu Aschendorffs Sammlung lateinischer und griechischer Klassiker

LUKIAN VON SAMOSATA

DER TRAUM
GÖTTERGESPRÄCHE

Ausgewählt, eingeleitet
und kommentiert von

MICHAEL OBERHAUS

Text und Kommentar

ASCHENDORFF MÜNSTER

© 1988 Aschendorffsche Verlagsbuchhandlung GmbH & Co., Münster

Das Werk und seine Teile sind urheberrechtlich geschützt.
Jede Verwertung in anderen als den gesetzlich zugelassenen Fällen bedarf deshalb
der vorherigen schriftlichen Einwilligung des Verlages.

Gesamtherstellung: Aschendorffsche Verlagsbuchhandlung GmbH & Co., Münster, 1988

ISBN 3-402-02263-X

Inhaltsverzeichnis

Vorwort	5
Didaktische Hinweise	7
Einleitung	13
Text und Worterklärungen/Sachkommentar	
„Der Traum" (Enhypnion = E)	15
Erstes Göttergespräch (G I)	20
Zweites Göttergespräch (G II)	25
Drittes Göttergespräch (G III)	30
Viertes Göttergespräch (G IV)	34
Fünftes Göttergespräch (G V)	36
Anhang: Ergänzungstexte zu	
G I	38
G II	45
G V	47
Literaturverzeichnis	48

Als Beiheft:
Lernvokabular zum Enhypnion und zu den Göttergesprächen

Vorwort

Die Schriften Lukians, insbesondere die Göttergespräche, erscheinen zu Unrecht selten im Lektürekanon des Griechischunterrichts, obwohl schon manche Lehrbücher in ihren Lesestücken gerne auf diesen Autor zurückgreifen. Die hier vorgelegte Auswahl aus den Göttergesprächen und dem Enhypnion ist aus der konkreten Unterrichtsarbeit hervorgegangen, in der Eigenart und Wert Lukians in didaktischer Hinsicht überprüft werden konnten. Dem eigentlichen Text ist ein Kapitel mit didaktischen Hinweisen vorausgeschickt, das sowohl dem Lehrer als auch besonders dem Schüler Art und Anliegen dieses Lesehefts in knapper Form vorstellen soll. Die Textpräsentation folgt den Erfahrungen, die im Unterricht gemacht wurden; ihr Sinn ergibt sich, wie ich hoffe, bei der konkreten Arbeit im Unterricht ohne weiteres, so daß hier auf Einzelheiten verzichtet werden kann.

Dem Verlag Aschendorff darf ich an dieser Stelle für die Aufnahme des Textes in die Reihe der Lesehefte danken, insbesondere für das Entgegenkommen bei der vom Üblichen abweichenden Anlage der Ausgabe. Besonders verpflichtet bin ich Herrn Dr. Rainer Spieker vom Gymnasium Paulinum in Münster, mit dem ich die Ausgabe und das Vorgehen intensiv diskutieren konnte, und meiner Frau, die mich bei der Bearbeitung und der Korrektur sehr unterstützt hat.

Münster, im Frühjahr 1988

Michael Oberhaus

Didaktische Hinweise

Lukians Schriften sind in der letzten Zeit mehrfach als Lektüre für den Griechischunterricht vorgeschlagen worden. Mit der hier vorgelegten Ausgabe werden zwei Ziele verfolgt:
1. Mit ihr soll eine Auswahl aus den Göttergesprächen und dem Enhypnion konkret zugänglich gemacht werden.
2. Durch die Eigenart der Texte und durch ein bisher wenig praktiziertes Vorgehen bei der Texterschließung soll eine immer noch offene Lücke zwischen der Arbeit am Lehrbuch und der Originallektüre geschlossen werden.

1. Warum Lukians Göttergespräche?

Die Lektüre der Schriften Lukians wird man nicht ohne weiteres um ihrer selbst willen betreiben wollen, ihre Bedeutung kann sich nicht mit denen der Autoren messen, die in den Lektürekanon der Oberstufe gehören. Angesichts der Zeit, die dem Griechischunterricht heute noch geblieben ist, muß jeder Text besonders kritisch auf seine Eignung und Effizienz hin überprüft werden.

Die Lektüre der Göttergespräche wird daher nicht nur inhaltlich begründet, sondern vor allem auch durch ihren besonderen Wert als *Anfangslektüre*. Sie ist auch von der Anlage der Ausgabe her für den Übergang vom Lehrbuch zur Originallektüre geplant. Dabei nehmen die inhaltlich und formal abgeschlossenen Gespräche den vom Lehrbuch her gewohnten Umfang zusammenhängender Texte wieder auf, so daß die sprachliche und interpretatorische Erschließung an überschaubaren Texten geübt werden kann. Gleichzeitig wird die sonst fast immer unvermeidliche Lektüre als Stückwerk (etwa bei Xenophon oder Platon) vermieden. Die erste Begegnung mit der Originallektüre führt bereits zur Bewältigung ganzer Texte. Dies ist nach der langen und oft mühsamen Arbeit im Grammatikunterricht sicher als positive und zur weiteren Beschäftigung mit griechischen Originaltexten ermunternde Erfahrung der Schüler anzusehen.

Ein weiteres wichtiges Moment dieser Lektüre liegt in der Sprache Lukians. Morphologie und Syntax entsprechen weitgehend dem nach Abschluß der athematischen Konjugation erreichten Pensum der meisten Lehrbücher. Anomalien sind selten und werden im übrigen im sprachlichen Kommentar erklärt. Ein besonderer Vorteil der Sprache in den Göttergesprächen liegt darin, daß syntaktische Erscheinungen, die erfahrungsgemäß noch große Schwierigkeiten machen, nie gehäuft erscheinen. So kann in einem Erschließungsabschnitt die Aufmerksamkeit speziell auf ein Syntagma gerichtet werden, können vorhandene Kenntnisse aufgefrischt und vertieft werden, ohne daß die Lernarbeit durch die Fülle der syntaktischen Phänomene oder die Abstraktion des Inhalts belastet wäre. Lediglich Partizipialkonstruktionen treten in großer Zahl auf. Ihre Erschließung und Übersetzung kann in extenso geübt werden.

Der dialogische Charakter der Göttergespräche und ihr begrenzter Umfang bringen in mehrfacher Hinsicht Gewinn:

a) Die ganzheitliche Erschließung größerer Abschnitte wird stark unterstützt. Sie muß sowohl für eine zügige und effiziente Oberstufenarbeit als auch im Hinblick auf die Anforderungen der Klausuren möglichst früh geübt werden. Das gilt besonders dann, wenn in der Grammatikphase ein Lehrbuch benutzt wurde, das mehr oder weniger nur einzelne Sätze als Texte anbot. Die ausgeprägte Kohärenz der Göttergespräche (das trifft auch auf Teilabschnitte zu) trägt hier wesentlich zur Arbeit bei.

b) Die Lektüre dialogischer Texte (Platon, Drama) wird vorbereitet, indem die Schüler die Lebendigkeit dieser Form an überschaubaren und besonders farbigen Beispielen kennenlernen.

c) Die Gespräche eignen sich in hervorragender Weise zum Memorieren, zu deklamierendem Vortrag oder zur szenischen Aufführung selbst. Ergebnisse der Unterrichtsarbeit können mit großem Gewinn und Spaß auf die Bühne gebracht und so nach außen getragen werden. Die Schüler erleben Griechisch als gesprochene Sprache.

Inhaltlich bieten die Gespräche gewichtige Ansätze zur Behandlung und Diskussion zentraler Phänomene der griechischen Geistes- und Kulturgeschichte: Mythos, Mythenkritik, Religionskritik (Anthropomorphismus); mit dem Enhypnion kommt der Begriff der Paideia hinzu. Sie sind Spiegel einer sich in großen Umwälzungen befindenden Zeit, in der das aufkommende Christentum der überall herrschenden religiösen Desorientierung begegnet. Lukian wirft Fragen auf, ohne selbst Antworten zu liefern; er zwingt zu Stellungnahme und kritischer Auseinandersetzung. Nicht zuletzt macht die Lektüre auch Spaß; Lukians Witz, der durchaus auch subtil sein kann, ist ohne große Voraussetzungen verständlich.

Leitmotiv bei der Auswahl der Gespräche war die Gestalt des Hermes. Er steht im zweiten und dritten Gespräch im Vordergrund, wir lernen ihn von zwei Seiten in all seiner „Vielseitigkeit" kennen. Im vierten und fünften Dialog ist er zwar nur Gesprächspartner, doch bekommen jetzt, wo man ihn näher kennt, diese Gespräche mehr Farbe. Nur das erste Gespräch handelt nicht von ihm. Es wurde ausgewählt, weil der Phaethonmythos den Schülern sicher bekannt ist und so die Möglichkeit besteht, den Umgang des Autors mit seinen Akteuren und dem Mythos bereits aus den eigenen Kenntnissen heraus zu betrachten und zu beurteilen.

Alle Gespräche sind plastische Beispiele der vom Autor verfolgten Absicht der Götter- und Mythenkritik. Die im Anhang mitabgedruckten Ergänzungstexte vertiefen durch Kontrastierung das Verständnis, sie liefern freilich auch eine sehr geeignete Grundlage für die Interpretation (besonders des ersten Gesprächs).

Dazu dient auch das Exzerpt aus dem Enhypnion. Es stellt die Göttergespräche in den Zusammenhang der Schriften Lukians, umreißt mit dem Begriff der Paideia nicht nur die Absicht des Autors, sondern auch eine zentrale geistesgeschichtliche Vorstellung und greift dabei im Mythos von Herakles am Scheidewege eine elementare Situation in der Entwicklung einer Biographie auf, die auch heute ihre Aktualität nicht verloren hat. Es muß aber festgehalten werden, daß dieses Exzerpt aus dem Enhypnion nicht im Vordergrund steht; es kann zur Einführung oder auch zum Abschluß gelesen werden; der Schwerpunkt dieser Ausgabe liegt auf den Göttergesprächen.

2. Wie soll die Lektüre erfolgen?

Hier soll zunächst die Zeitplanung angesprochen werden. Der für die Lektüre benötigte Zeitrahmen hängt natürlich ganz wesentlich von der Intensität der sprachlichen und besonders der interpretatorischen Arbeit ab (Zusatztexte!). Drei Wege erscheinen sinnvoll:

a) ca. 24–25 Stunden für den Gesamtdurchgang, wobei die Zeit für die Behandlung der Einzeltexte durch die variierende Länge und durch die wachsende Erfahrung der Schüler abnehmen wird.

b) ca. 16–17 Stunden für die Lektüre des ersten bis dritten Gespräches sowie des fünften.

c) ca. 8 Stunden für die Lektüre des zweiten und dritten Gespräches.

Selbst das „Minimalprogramm" wird als erste Originallektüre zur weiteren Arbeit an Originaltexten motivieren, zumal der sonst durchaus zu befürchtende Lektüreschock (etwa bei Platon oder Xenophon als Anfangslektüre durch die Länge der Texte bedingt) gemildert wird.

Ein wesentliches Anliegen dieses Heftes ist es, den Übergang vom Lehrbuch zur Originallektüre zu erleichtern, gleichzeitig aber die Grundlagen für die spätere Lektüre zu sichern und zu vertiefen. Erfahrungsgemäß ist der Mangel an Vokabelkenntnissen bei Beginn der Originallektüre oft ein Haupthindernis für eine zügige und effiziente Arbeit im Unterricht. Das Erfragen der unbekannten Vokabeln und die Unsicherheit in den Stammformen hemmen häufig die sonst durchaus vorhandene Motivation, mit Freude und Einsatz in den neuen Abschnitt des Griechischunterrichts einzutreten.

Das diesem Heft beigefügte Lernvokabular zieht daraus die Konsequenz: In ihm werden alle Vokabeln aufgeführt, die zum Grundwortschatz gehören, also eigentlich bei einem gewöhnlichen Einstieg in die Lektüre vorausgesetzt werden müßten. Alle anderen Vokabeln sind im sprachlichen Kommentar zum Text selbst angeführt.

Grundsätzlich stehen dem Schüler also alle Angaben zur semantischen Groberschließung des Textes durch die Ausgabe zur Verfügung. Daraus ergeben sich folgende Möglichkeiten des Vorgehens:

a) Das Lernvokabular des bewältigten Abschnittes kann zur Wiederholung als Hausaufgabe gestellt werden.

b) Das Lernvokabular des vorgesehenen Abschnittes kann *vorgelernt* werden.

In beiden Fällen ist die Lernarbeit immer textbezogen; die Möglichkeiten der Lernkontrolle sind vielfältig (Rekapitulation des Textes mit Einbindung des wiederholten Vokabulars, erster Zugang zum Text über die Kontrolle des im Text begegnenden Lernvokabulars beim Vorlernen kommen zu den bekannten Methoden der Lernkontrolle hinzu).

Zum Vorlernen ist folgendes festzuhalten: Im Grunde handelt es sich ja nicht um echtes Vorlernen, sondern um Wiederholung und Auffrischung eines eigentlich vorauszusetzenden Wortschatzes. Diese Ausgabe erleichtert die Arbeit des Schülers und damit die des Unterrichts insgesamt. Jeder Schüler wird – unbelastet von semantischen Schwierigkeiten – in den Stand gesetzt, seine Aufmerksamkeit auf die Morphologie und Syntax zu konzentrieren. Dabei wird gerade der immer gewährleistete Textbezug der gelernten Vokabeln nicht nur das Erkennen einzelner Formen erleichtern, weil dem Schüler bekannt ist, daß eine ihm möglicherweise unklare Form, wenn sie nicht als Vokabelangabe im Kommentar auftaucht, auf eine der gelernten Vokabeln zurückzuführen ist, sondern er bedeutet auch eine große Lernmotivation aus dem Bewußtsein heraus, daß das Gelernte mit Sicherheit auch im Unterricht verwendbar ist. Gerade angesichts der Tatsache, daß an den allermeisten Schulen heute die Lexikonbenutzung in den Klausuren erlaubt ist, kommt diesem Aspekt große Bedeutung zu. Denn da es sich um Grundwortschatzvokabeln handelt, ist die Verwertbarkeit auch über die unmittelbare Zeit der Arbeit am Text hinaus gewährleistet.

Dieses Verfahren wurde nach der bisherigen Erfahrung von den Schülern einhellig angenommen und als vorteilhaft empfunden. Gerade die leistungsschwächeren Schüler werden durch das Vorlernen der Vokabeln in eine bessere Ausgangsposition versetzt.

Als wichtig für die Lernmotivation hat es sich auch erwiesen, daß tatsächlich jede textrelevante Vokabel, wenn sie zum Grundwortschatz gehört, im Lernvokabular aufgeführt ist. Das ergibt zwar eine auf den ersten Blick recht hohe Zahl von Lernvokabeln pro Erschließungsabschnitt, aber die Schüler stellen schnell fest, daß ihnen viele der Lernvokabeln doch noch bekannt sind und eben nur die mittlerweile dem Gedächtnis entfallenen wiederholt werden müssen. Daß so jeder die Chance hat, individuell die Lücken seines Wortschatzes zu füllen, ist ein nicht unwichtiger Nebeneffekt dieses Vorgehens.

Eine individuelle Lernkontrolle erfolgt ebenfalls dadurch, daß Lernvokabeln, die schon einmal aufgeführt wurden, im Normalfall nur mit Verweis wieder notiert sind. Die Schüler können so leicht selbst feststellen, wieweit diese Vokabeln bereits im Gedächtnis verankert sind. Dafür ist freilich eine gewisse Unbequemlichkeit in Kauf zu nehmen, wenn nur eine Auswahl gelesen wird. Verweise auf das Enhypnion sind im übrigen sehr selten.

Die Verben (anders als im sprachlichen Kommentar) sind gewöhnlich mit ihren Stammformen angegeben, so daß auch hier eine Vorentlastung erfolgt. Die gelegentlichen Angaben zur Formenstruktur (Sprachgeschichte) sowie die Tatsache, daß fast immer nur die Simplicia angegeben sind, sollen dazu beitragen, im Bereich dieser Lektüre elementare Regeln der Wortstruktur und insbesondere die Ableitung der Bedeutung von Komposita zu üben. Für das Letztere sind die Präverbien separat aufgeführt, die Angaben zu den Verbalklassen nehmen im Laufe der Gespräche ab; hier kann kontrolliert werden, wie weit diese Phänomene schon gesichert sind und übertragen werden. Gelegentlich sind auch Wörter, die im Text auftauchen, weder im sprachlichen Kommentar noch im Lernvokabular aufgeführt. Dafür stehen im Lernvokabular Angaben zur Verfügung, aus denen sich (beim Vorlernen) diese Wörter ableiten lassen.

Der sprachliche Kommentar gibt alle Wörter an, die nicht zum Grundwortschatz gehören und bietet sonstige Hilfen, wobei die Orientierung wie auch die Tatsache, daß überhaupt eine Angabe existiert, durch die Hochzahlen erleichtert bzw. angezeigt wird. Die einzelnen Angaben beschränken sich auf das für das Textverständnis absolut Notwendige. Um der besseren Übersichtlichkeit willen ist der Sachkommentar abgesetzt. Auch er bringt nur das Wichtigste, um der Interpretation nichts vorwegzunehmen.

Das Vorgehen, das hier vorgeschlagen wird, ist zweifellos umstritten. Aber die bisherigen Erfahrungen zeigen, daß das Vorlernen der Vokabeln die Lektüre und das Unterrichtsgespräch erheblich entlasten und zu einer für alle Seiten vorteilhaften Unterrichtsatmosphäre führen. Das rechtfertigt das Experiment, das die Anlage und Absicht einer solchen Ausgabe ohne Zweifel bedeuten.

Einleitung

1. Lukian von Samosata, sein Leben

Die Überlieferung berichtet uns nicht viel aus der Biographie Lukians. Er wurde um 120 in Samosata (Kommagene, Syrien) geboren, arbeitete – aus bescheidenen Verhältnissen stammend – zunächst als Bildhauerlehrling, hatte daran aber überhaupt keine Freude; der Erfolg in diesem Beruf blieb auch in jeder Hinsicht aus. Er erlernte dann die griechische Sprache, besuchte die Rhetorenschule und verbrachte die folgenden Jahre auf Reisen durch verschiedene Länder (Griechenland, Italien, Gallien). Dort trug er im Theater (Odeion) seine Schriften vor und beeindruckte das Publikum mit seiner rhetorischen Kunst.

Im Jahre 160 ließ er sich in Athen nieder, bewegte sich im Kreise der Akademie, also der Schule, die sich auf Platon und seine Philosophie beruft, und lernte auch Vertreter der anderen philosophischen Schulen kennen (Epikureer, Kyniker). Er versuchte, Beziehungen zu hochgestellten Persönlichkeiten des politisch-gesellschaftlichen Lebens anzuknüpfen, um seine Karriere auszubauen. Doch gelang es ihm erst im fortgeschrittenen Alter, einen Verwaltungsposten in Ägypten zu erhalten. Er starb bald nach 180.

2. Die Zeit, in der Lukian von Samosata lebte

Lukians Leben und Wirken fallen in eine Zeit großer gesellschaftlicher Widersprüche. Auf der einen Seite findet sich eine allgemeine geistige Desorientierung, das Ausgeliefertsein des Einzelnen an eine durch ihre Vielzahl bedingte Unsicherheit philosophischer und religiöser Systeme, auf der anderen Seite ein starkes religiöses Bedürfnis und die Suche nach festen Bezugspunkten, nach denen man sein Leben und Denken ausrichten konnte.

Der Sehnsucht nach einem Halt in der Religion entsprach die Blüte der verschiedenen Kulte, der Magie, der Zauberei, des Aberglaubens und vor allem der Mysterien. Das römische Reich vereinigte unter seiner Herrschaft eine Vielzahl von Kulturen und Religionen; dabei blieb es seinem alten Prinzip treu, sich nicht entscheidend in die religiösen Verhältnisse der eroberten Gebiete einzumischen, ja vielmehr sich mit Vorbedacht die verschiedenen fremden Götter und Kulte zu einem Teil zu eigen zu machen.

Die heidnischen Religionen zollten sich gegenseitig Anerkennung, ihre Berührung aber hatte schnell auch ihre Vermischung zur Folge: Synkretismus und Theokrasie sind die kennzeichnenden Schlagworte für diese Zeit. Besonders orientalische Gottheiten erfreuten sich ausgesprochener Beliebtheit nicht nur in den unteren Schichten des Volkes, sondern auch in denen, denen man gemeinhin eine höhere Bildung attestiert. Für die gebildeteren Schichten lieferte zwar auch die Philosophie eine Art Ersatzreligion, doch ihre Prägung war nicht viel anders als die der Religion, besonders der Mysterien selbst. Nicht wenige, auch berühmte Philosophen haben sich in jeden greifbaren Mysterienkult einweihen lassen.

Der Aberglaube nimmt zu; in dem Streben, einzelnen, besonders aber auch den natürlichen Phänomenen eine übernatürliche Ursache zuzuschreiben, erreicht der Polytheismus einen Höhepunkt. Dies ist die Zeit, in der sich Geisterlehren und Dämonenglaube (auch im Christentum) entwickeln; der Platonismus etwa konstruiert ein kompliziertes System der Dämonologie.

Diesem Polytheismus steht ein vor diesem Hintergrund leicht verständlicher Wunsch nach einer festeren Orientierung gegenüber. Man sucht angesichts des im Götterhimmel versammelten Gewimmels und der damit verbundenen Ungewißheit über das Wesen der höheren Mächte nach einer Gottheit, an die allein man sich wenden konnte, ohne für diese oder jene Lage oder Sache sich von jeweils verschiedenen Gottheiten Hilfe erbitten zu müssen. Der Polytheismus förderte also geradezu die positive, ja sehnsüchtige Einstellung zum Monotheismus. So war dem Christentum und seiner Ausbreitung der ideale Boden bereitet.

Freilich gab es auch konservative Kreise, die den Ausweg aus der Misere darin suchten, den alten Glauben in der überlieferten Form wieder in seine Rechte einzusetzen. Diese Tendenz war auch bei den breiten Massen deutlich zu verspüren.

Wenn also Lukian sich mit seinen Dialogen und auch noch mit anderen, weit bissigeren Schriften gegen die Götter richtet, so hat er sein Publikum, einmal, weil es sich um ein allgemein behandeltes und besprochenes Problem handelte, zum anderen, weil eben dieses Publikum seine Schriften so aufnehmen konnte, wie sie gemeint waren: sie nehmen in ironischer Überspitzung ernst, was sich in der Überlieferung bietet, sie sind zugleich ein Spiegel der aktuellen religiösen Zustände und üben Kritik an ihnen, indem sie ihre Absurdität aufdecken.

Lukians Göttergespräche sind Dokumente der Religionskritik; jedoch bedeutet das nicht, daß Lukian die Existenz einer göttlichen Macht grundsätzlich in Frage stellt. Das zeigen viele Stellen in seinem Werk und auch schon der knappe Auszug aus dem Enhypnion. Aber eine positive, klare Antwort bleibt er ebenfalls schuldig. Wie vorher schon angedeutet: dieser Autor fordert als vollkommenes Spiegelbild einer nach Orientierung suchenden Zeit zur Stellungnahme heraus und besitzt damit durchaus eine nicht geringe Aktualität.

Text und Worterklärungen/Sachkommentar

„Der Traum" (Enhypnion)

Der „Traum" (ἐνύπνιον) ist eine sog. προλαλία, d. h. eine einem längeren Vortrag vorangeschickte λαλία (Plauderei). Lukian hielt diese Prolalia in seiner Vaterstadt, in der er sich – inzwischen berühmt geworden – vorübergehend aufhielt.

Er benutzt für seine Prolalia eine berühmte Erzählung des Sophisten Prodikos (Herakles am Scheidewege) und berichtet von einem Traum, in dem ihm zwei Frauen erschienen seien: die eine nannte sich Ἑρμογλυφικὴ τέχνη (Bildhauerkunst), die andere Παιδεία (geistige Bildung), die erste war eine Arbeiterin, kräftig, derb, mit struppigem Haar, die Hände voller Schwielen usw., die andere war schön und anmutig, hübsch und anständig gekleidet. Beide Frauen versuchen, Lukian für sich zu gewinnen.

Der Darstellung seines wunderbaren Traumes schickt Lukian eine kurze Beschreibung seiner Situation voraus:

Seine Schulzeit hatte er soeben beendet, sein Vater beriet mit seinen Freunden über den weiteren Ausbildungsweg. Die Familie war arm, und es kam deshalb darauf an, daß der Sohn bald eine Tätigkeit erlernte, die Geld und somit Unterstützung für die Familie brachte. Damit kam die geistige Bildung (παιδεία) nicht mehr in Frage; der Vater und seine Freunde beschlossen, Lukian das Steinmetz-Handwerk erlernen zu lassen. Dafür sprach auch seine offenkundige Begabung für dieses Fach, die sich bei diversen – meist verbotenen und deswegen mit Prügeln verbundenen – Bastel- und Modellierarbeiten in der Schule herausgestellt hatte.

Lukian kam zu seinem Onkel in die Lehre. In der Hoffnung, später einmal mit seinen Bildhauerarbeiten seine Altersgenossen beeindrucken zu können, tut er den ersten Schlag mit Hammer und Meißel – und zerbricht die Platte. Sein Onkel gerät darüber in Wut, nimmt den nächstbesten Knüttel und verdrischt Lukian. Nach dieser wenig sanften Einweihung ins Gewerbe rennt er nach Hause zu seiner Mutter und erzählt ihr vom grausamen Onkel, nicht ohne zu erwähnen, daß der ihn nur aus Neid und Mißgunst verprügelt habe, daß er aber, Lukian, ihn an Kunstfertigkeit übertreffen könnte. Die Eltern sind empört über eine solche Behandlung ihres begabten Sohnes, und Lukian darf erst einmal ins Bett, wo er – noch unter Tränen – einschläft. Er träumt von den beiden Frauen; zuerst spricht die Ἑρμογλυφικὴ τέχνη zu ihm, dann die Παιδεία.

ΛΟΥΚΙΑΝΟΣ: ΠΕΡΙ ΤΟΥ ΕΝΥΠΝΙΟΥ

Die zweite Frau beginnt ihre Rede:

"Ἐγὼ δέ, ὦ τέκνον, Παιδεία εἰμί, ἤδη συνήθης¹ σοι καὶ γνωρίμη, εἰ καὶ μηδέπω εἰς τέλος μου πεπείρασαι. ἡλίκα² μὲν οὖν τὰ ἀγαθὰ ποριῇ λιθοξόος³ γενόμενος, αὕτη προείρηκεν.

Die Παιδεία faßt kurz und in abwertenden Worten die Rede der Ἑρμογλυφικὴ τέχνη zusammen.

Ἢν δ' ἐμοὶ πείθῃ, πρῶτον μέν σοι πολλὰ ἐπιδείξω παλαιῶν ἀνδρῶν ἔργα,
5 καὶ πράξεις θαυμαστὰς καὶ λόγους αὐτῶν ἀπαγγέλλουσα καὶ πάντων ὡς εἰπεῖν ἔμπειρον ἀποφαίνουσα, καὶ τὴν ψυχήν, ὅπερ σοι κυριώτατόν⁴ ἐστι, κατακοσμήσω πολλοῖς καὶ ἀγαθοῖς κοσμήμασι,⁵ σωφροσύνῃ, δικαιοσύνῃ, εὐσεβείᾳ, πραότητι,⁶ ἐπιεικείᾳ,⁷ συνέσει, καρτερίᾳ,⁸ τῷ τῶν καλῶν ἔρωτι, τῇ πρὸς τὰ σεμνότατα ὁρμῇ· ταῦτα γάρ ἐστιν ὁ τῆς ψυχῆς ἀκήρατος⁹ ὡς ἀληθῶς
10 κόσμος. λήσει δέ σε οὔτε παλαιὸν οὐδὲν οὔτε νῦν γενέσθαι δέον, ἀλλὰ καὶ τὰ μέλλοντα προόψει μετ' ἐμοῦ, καὶ ὅλως ἅπαντα, ὁπόσα ἐστί, τά τε θεῖα τά τ' ἀνθρώπινα, οὐκ εἰς μακράν σε διδάξομαι. καὶ ὁ νῦν πένης, ὁ τοῦ δεῖνος,¹⁰ ὁ βουλευσάμενός τι περὶ ἀγεννοῦς¹¹ οὕτω τέχνης μετ' ὀλίγον ἅπασι ζηλωτὸς¹² καὶ ἐπίφθονος¹³ ἔσῃ, τιμώμενος καὶ ἐπαινούμενος καὶ ἐπὶ τοῖς ἀρίστοις
15 εὐδοκιμῶν καὶ ὑπὸ τῶν γένει καὶ πλούτῳ προὐχόντων ἀποβλεπόμενος.

Sie zählt Weiteres auf, das zum Ruhm und zur Ehre dessen, der sich ihr widmet, beiträgt.

κἂν πού τι λέγων τύχῃς, κεχηνότες¹⁴ οἱ πολλοὶ ἀκούσονται, θαυμάζοντες καὶ εὐδαιμονίζοντες σὲ τῆς δυνάμεως τῶν λόγων καὶ τὸν πατέρα τῆς εὐποτμίας·¹⁵ ὃ δὲ λέγουσιν, ὡς ἄρα καὶ ἀθάνατοι γίγνονταί τινες ἐξ ἀνθρώπων, τοῦτό σοι περιποιήσω·¹⁶ καὶ γὰρ ἢν αὐτὸς ἐκ τοῦ βίου ἀπέλθῃς,
20 οὔποτε παύσῃ συνὼν τοῖς πεπαιδευμένοις καὶ προσομιλῶν τοῖς ἀρίστοις.

Sie zählt einige berühmte Persönlichkeiten auf, die ihr als Beispiel für das eben beschriebene Leben dienen.

ἀφεὶς δὲ σὺ τοὺς τηλικούτους καὶ τοιούτους ἄνδρας καὶ πράξεις λαμπρὰς καὶ λόγους σεμνοὺς καὶ σχῆμα εὐπρεπὲς καὶ τιμὴν καὶ δόξαν καὶ ἔπαινον καὶ προεδρίας¹⁷ καὶ δυνάμεις καὶ ἀρχὰς καὶ τὸ ἐπὶ λόγοις εὐδοκιμεῖν καὶ τὸ ἐπὶ

Worterklärungen

1. συνήθης, -ες — gewohnt, vertraut
2. ἡλίκος, -η, -ον — wie groß
3. ὁ λιθοξόος — Steinmetz, Bildhauer
4. κύριος, -α, -ον — entscheidend, wichtig
5. τὸ κόσμημα, -ατος — Schmuck
6. ἡ πραότης, πραότητος — Milde, Sanftmut
7. ἡ ἐπιείκεια — Schicklichkeit
8. ἡ καρτερία — Standhaftigkeit
9. ἀκήρατος, -ον — unvermischt, rein, lauter
10. ὁ τοῦ δεῖνος — eines unbekannten Mannes Sohn
11. ἀγεννής, -ές — unedel, unadlig, gemein
12. ζηλωτός, -ή, -όν — beneidet, bewundert, beneidenswert
13. ἐπίφθονος, -ον — beneidet
14. χαίνω — aufklaffen, den Mund öffnen
15. ἡ εὐποτμία — Glück
16. περιποιέω — τινί zeigen, bewahrheiten an
17. ἡ προεδρία — Ehrensitz

συνέσει εὐδαιμονίζεσθαι, χιτώνιόν τι πιναρὸν[18] ἐνδύσῃ καὶ σχῆμα δουλοπρε-
πὲς ἀναλήψῃ καὶ μοχλία[19] καὶ γλυφεῖα[20] καὶ κοπέας[21] καὶ κολαπτῆρας[22] ἐν ταῖν
χεροῖν[23] ἕξεις κάτω νενευκὼς[24] εἰς τὸ ἔργον, χαμαιπετὴς[25] καὶ χαμαίζηλος[26] καὶ
πάντα τρόπον ταπεινός, ἀνακύπτων[27] δὲ οὐδέποτε οὐδὲ ἀνδρῶδες[28] οὐδὲ
ἐλεύθερον οὐδὲν ἐπινοῶν, ἀλλὰ τὰ μὲν ἔργα ὅπως εὔρυθμα[29] καὶ εὐσχήμονα
ἔσται σοι προνοῶν, ὅπως δὲ αὐτὸς εὔρυθμός τε καὶ κόσμιος[30] ἔσῃ, ἥκιστα
πεφροντικώς, ἀλλ᾽ ἀτιμότερον ποιῶν σεαυτὸν λίθων."

Die Rede der Παιδεία ist zu Ende. Lukian denkt an die vom Onkel empfangenen Schläge, und dies beeinflußt nicht zuletzt seine Entscheidung. Die Ἑρμογλυφικὴ τέχνη gerät in Wut, schlägt die Hände über dem Kopf zusammen und – erstarrt zu Stein wie Niobe. Die Παιδεία dagegen nimmt Lukian mit auf einen wunderbaren Flug über die Welt und zeigt ihm all die Herrlichkeiten, die ihn erwarten. Dabei verstreut er einen eigenartigen Samen, und überall, wo die Saat aufgeht, sieht er die Menschen ihm zujubeln. Nachdem er ins Vaterhaus zurückgekehrt ist, führt die Παιδεία den Sohn – in prachtvolle Gewänder gekleidet – dem Vater vor. Soweit Lukians Traum, von dem er glaubt, er sei von der Angst vor Schlägen verursacht worden.

Im folgenden wehrt sich Lukian gegen die Unglaubwürdigkeit seiner Geschichte, er sagt endlich, daß er sie zu einem guten Zweck erzählt habe.

καὶ τοίνυν κἀγὼ τοῦτον τὸν ὄνειρον ὑμῖν διηγησάμην ἐκείνου ἕνεκα, ὅπως
οἱ νέοι πρὸς τὰ βελτίω τρέπωνται καὶ παιδείας ἔχωνται, καὶ μάλιστα, εἴ τις
αὐτῶν ὑπὸ πενίας ἐθελοκακεῖ[31] καὶ πρὸς τὰ ἥττω ἀποκλίνει, φύσιν οὐκ
ἀγεννῆ[32] διαφθείρων· ἐπιρρωσθήσεται[33] εὖ οἶδ᾽ ὅτι[34] κἀκεῖνος ἀκούσας τοῦ
μύθου, ἱκανὸν ἑαυτῷ παράδειγμα ἐμὲ προστησάμενος, ἐννοῶν, οἷος μὲν ὢν
πρὸς τὰ κάλλιστα ὥρμησα καὶ παιδείας ἐπεθύμησα, μηδὲν ἀποδειλιάσας[35]
πρὸς τὴν πενίαν τὴν τότε, οἷος δὲ πρὸς ὑμᾶς ἐπανελήλυθα, εἰ καὶ μηδὲν ἄλλο,
οὐδενὸς γοῦν τῶν λιθογλύφων[36] ἀδοξότερος.

18.	τὸ πιναρὸν χιτώνιον	schäbiges Untergewand
19.	τὸ μοχλίον	kleiner Hebel
20.	τὸ γλυφεῖον	Schabeisen
21.	ὁ κοπεύς, -έως	Schlägel
22.	ὁ κολαπτήρ, -ῆρος	Meißel
23.	ταῖν χεροῖν	Dualformen: beide Hände (gen./dat.)
24.	νεύω	nicken, sich neigen/beugen
25.	χαμαιπετής, -ές	auf den Boden gedrückt
26.	χαμαίζηλος, -ον	auf dem Boden suchend
27.	ἀνακύπτω	den Kopf heben, sich aufrichten
28.	ἀνδρώδης, -ες	eines freien Mannes würdig
29.	εὔρυθμος, -ον	ebenmäßig
30.	κόσμιος, -α, -ον	anständig, geordnet
31.	ἐθελοκακέω	mit Vorsatz schlecht sein
32.	ἀγεννής, -ές	unedel, unadlig, gemein
33.	ἐπιρρώννυμι	stärken
34.	εὖ οἶδ' ὅτι	(stellen Sie diese Worte vor ἐπιρρωσθήσεται)
35.	ἀποδειλιάω	den Mut verlieren, verzagen
36.	ὁ λιθογλύφος	Steinmetz, Bildhauer

Das erste Gespräch
Zeus und Helios
über das Unglück des Phaethon

(Nr. 25) ΔΙΟΣ ΚΑΙ ΗΛΙΟΥ

ΖΕΥΣ: Οἷα πεποίηκας, ὦ Τιτάνων* κάκιστε; ἀπολώλεκας τὰ ἐν τῇ γῇ ἅπαντα, μειρακίῳ ἀνοήτῳ πιστεύσας τὸ ἅρμα, ὃς τὰ μὲν κατέφλεξε[1] πρόσγειος[2] ἐνεχθείς, τὰ δὲ ὑπὸ κρύους[3] διαφθαρῆναι ἐποίησε πολὺ αὐτῶν ἀποσπάσας[4] τὸ πῦρ, καὶ ὅλως οὐδέν, ὅ τι οὐ ξυνετάραξε καὶ ξυνέχεε,[5] καὶ εἰ μὴ ἐγὼ ξυνεὶς τὸ γιγνόμενον κατέβαλον αὐτὸν τῷ κεραυνῷ,[6] οὐδὲ λείψανον[7] ἀνθρώπων ἐπέμεινεν ἄν· τοιοῦτον ἡμῖν ἡνίοχον[8] τὸν καλὸν καὶ διφρηλάτην[9] ἐκπέπομφας.

ΗΛΙΟΣ: Ἥμαρτον, ὦ Ζεῦ, ἀλλὰ μὴ χαλέπαινε, εἰ ἐπείσθην υἱῷ πολλὰ ἱκετεύοντι·[10] πόθεν γὰρ ἂν καὶ ἤλπισα τηλικοῦτο γενήσεσθαι κακόν;

ΖΕΥΣ: Οὐκ ᾔδεις, ὅσης ἐδεῖτο ἀκριβείας τὸ πρᾶγμα καὶ ὡς, εἰ βραχύ τις ἐκβαίη τῆς ὁδοῦ, οἴχεται πάντα; ἠγνόεις δὲ καὶ τῶν ἵππων τὸν θυμόν, ὡς δεῖ ξυνέχειν ἀνάγκῃ τὸν χαλινόν;[11] εἰ γὰρ ἐνδοίη τις, ἀφηνιάζουσιν[12] εὐθύς, ὥσπερ ἀμέλει[13] καὶ τοῦτον ἐξήνεγκαν, ἄρτι μὲν ἐπὶ τὰ λαιά,[14] μετ᾽ ὀλίγον δὲ ἐπὶ τὰ δεξιὰ καὶ ἐς τὸ ἐναντίον τοῦ δρόμου ἐνίοτε καὶ ἄνω καὶ κάτω, ὅλως ἔνθα[15] ἐβούλοντο αὐτοί· ὁ δὲ οὐκ εἶχεν, ὅ τι χρήσαιτο αὐτοῖς.

ΗΛΙΟΣ: Πάντα μὲν ἠπιστάμην ταῦτα καὶ διὰ τοῦτο ἀντεῖχον ἐπὶ πολὺ καὶ οὐκ ἐπίστευον αὐτῷ τὴν ἔλασιν·[16] ἐπεὶ δὲ κατελιπάρησε[17] δακρύων καὶ ἡ μήτηρ Κλυμένη μετ᾽ αὐτοῦ, ἀναβιβασάμενος[18] ἐπὶ τὸ ἅρμα ὑπεθέμην,[19] ὅπως μὲν χρὴ βεβηκέναι αὐτόν, ἐφ᾽ ὁπόσον δὲ ἐς τὸ ἄνω ἀφέντα[20] ὑπερενεχθῆναι,[21] εἶτα ἐς τὸ κάταντες[22] αὖθις ἐπινεύειν,[23] καὶ ὡς ἐγκρατῆ εἶναι τῶν ἡνιῶν[24] καὶ μὴ ἐφιέναι τῷ θυμῷ τῶν ἵππων· εἶπον δὲ καί, ἡλίκος[25] ὁ κίνδυνος, εἰ μὴ ὀρθὴν[26] ἐλαύνοι· ὁ δὲ – παῖς γὰρ ἦν – ἐπιβὰς τοσούτου πυρὸς καὶ ἐπικύψας[27] ἐς

Worterklärungen

1. καταφλέγω — niederbrennen
2. πρόσγειος, -ον — (auf der Erde, nahe der Erde) hier in praedikativer Funktion, zu übersetzen wie ein Adverb: „auf die Erde ..."
3. τὸ κρύος, -ους — Eiskälte, Frost
4. ἀποσπάω — wegziehen, entfernen
5. ξυγχέω — zusammengießen, -schütten, in ein Durcheinander stürzen
6. ὁ κεραυνός — Blitz, Donnerschlag
7. τὸ λείψανον (λείπω) — Überbleibsel, Rest
8. ὁ ἡνίοχος (ἡ ἡνία, ἔχω) — der „Zügelhalter", Wagenlenker, Kutscher
9. ὁ διφρηλάτης (ὁ δίφρος, ἐλαύνω) — Wagenlenker

Ändern Sie die Wortreihenfolge für die Übersetzung so: τοιοῦτος ἡνίοχος καὶ διφρηλάτης ἦν ὁ καλός, ὃν ἡμῖν ἐκπέπομφας.

10. ἱκετεύω — flehen (ὁ ἱκέτης der Bittflehende, Schutzflehende, „um Asyl Suchende")
11. ὁ χαλινός — Zügel
12. ἀφηνιάζω — sich vom Zügel frei machen
13. ἀμέλει (adv.) — (ohne Sorge, wirklich) sicherlich
14. λαιός, -ά, -όν — links
15. ἔνθα — wohin
16. ἡ ἔλασις, -εως — die (Auf-)fahrt
17. καταλιπαρέω — inständig bitten
18. ἀναβιβάζομαι — hinaufsteigen lassen
19. ὑποτίθεμαι — Anweisungen geben
20. ἀφέντα — erg.: τοὺς ἵππους ἀφίημι: freien Lauf lassen
21. ὑπερφέρομαι — hinaufgetragen werden, hinauffahren
22. καταντής, -ές — abschüssig
23. ἐπινεύω — sich neigen, sich senken
24. ἡ ἡνία — Zügel
25. ἡλίκος — wie groß
26. ὀρθὴν — erg.: ὁδὸν
27. ἐπικύπτω — sich vorbeugen

βάθος ἀχανὲς²⁸ ἐξεπλάγη, ὡς τὸ εἰκός· οἱ δὲ ἵπποι ὡς ᾔσθοντο οὐκ ὄντα ἐμὲ τὸν ἐπιβεβηκότα, καταφρονήσαντες τοῦ μειρακίου ἐξετράποντο τῆς ὁδοῦ καὶ τὰ δεινὰ ταῦτα ἐποίησαν· ὁ δὲ τὰς ἡνίας²⁹ ἀφείς, οἶμαι δεδιὼς μὴ ἐκπέσῃ αὐτός, εἴχετο τῆς ἄντυγος.³⁰ ἀλλὰ ἐκεῖνός τε ἤδη ἔχει τὴν δίκην κἀμοί, ὦ Ζεῦ, ἱκανὸν τὸ πένθος.³¹

ΖΕΥΣ: Ἱκανὸν λέγεις τοιαῦτα τολμήσας; νῦν μὲν οὖν συγγνώμην ἀπονέμω σοι, ἐς δὲ τὸ λοιπόν, ἤν τι ὅμοιον παρανομήσῃς³² ἤ τινα τοιοῦτον σεαυτοῦ διάδοχον³³ ἐκπέμψῃς, αὐτίκα εἴσῃ, ὁπόσον τοῦ σοῦ πυρὸς ὁ κεραυνὸς³⁴ πυρωδέστερος.³⁵ ὥστε ἐκεῖνον μὲν αἱ ἀδελφαὶ θαπτέτωσαν³⁶ ἐπὶ τῷ Ἠριδανῷ*, ἵναπερ ἔπεσεν ἐκδιφρευθείς,³⁷ ἤλεκτρον³⁸ ἐπ' αὐτῷ δακρύουσαι, καὶ αἴγειροι³⁹ γενέσθωσαν ἐπὶ τῷ πάθει, σὺ δὲ ξυμπηξάμενος⁴⁰ τὸ ἅρμα – κατέαγε⁴¹ δὲ καὶ ὁ ῥυμὸς⁴² αὐτοῦ καὶ ἅτερος τῶν τροχῶν⁴³ συντέτριπται⁴⁴ – ἔλαυνε ὑπαγαγὼν⁴⁵ τοὺς ἵππους. ἀλλὰ μέμνησο τούτων ἁπάντων.

28. ἀχανής, -ές	unermeßlich, weit gähnend
29. ἡ ἡνία	Zügel
30. ἡ ἄντυξ, ἄντυγος	Wagenrand
31. τὸ πένθος, -ους	Leid, Trauer, Kummer
32. παρανομέω	gesetzwidrig, widerrechtlich handeln
33. ὁ διάδοχος	Nachfolger, Stellvertreter
34. ὁ κεραυνός	Blitz, Donnerschlag
35. πυρώδης, -ες	feurig
36. θαπτέτωσαν	spätere Nebenform des Imperativs Praes. in der 3. Pl.: „sie sollen begraben"
37. ἐκδιφρεύω	aus dem Wagen werfen
38. τὸ ἤλεκτρον	Bernstein
39. ἡ αἴγειρος	die Schwarzpappel
40. συμπήγνυμι	zusammenfügen
41. κατέαγε	3. Sg. Ind. Perf. II (intr.) von κατάγνυμι: er/sie/es ist zerbrochen
42. ὁ ῥυμός	Deichsel
43. ὁ τροχός	Rad
44. συντρίβω	zusammenreiben, zerreiben, zerschmettern
45. ὑπαγαγών	ergänze: „unter das Joch"

Sachkommentar (*)

Z. 1 Τιτάνων: Helios war Sohn der Titanen Hyperion und Theia. Titanen sind die zwölf Söhne und Töchter des Uranos und der Gaia, der Ureltern der Götter. Berühmt und in Kunst und Literatur oft dargestellt war die Titanomachie: die Titanen kämpfen unter Führung des Kronos gegen die Kroniden (Kronosnachkommen) unter Führung des Zeus. Diesen gewaltigen und maßlosen Aufstand gegen Zeus muß man hier zum vollen Verständnis mit einbeziehen.

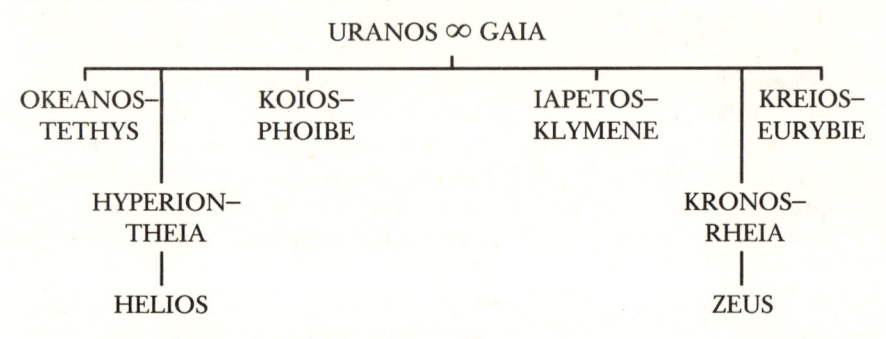

```
                    URANOS ∞ GAIA
    ┌──────────────┬──────────────┬──────────────┐
 OKEANOS–        KOIOS–        IAPETOS–       KREIOS–
 TETHYS          PHOIBE        KLYMENE        EURYBIE
    │                                            │
 HYPERION–                                    KRONOS–
 THEIA                                        RHEIA
    │                                            │
 HELIOS                                       ZEUS
```

Z. 31 τῷ Ἠριδανῷ: ein Flußname. Die Zuweisung an einen bestimmten, geographisch gesicherten Fluß war schon bei den antiken Autoren unsicher. Man hat dabei an den Rhein, an die Rhone, den Po und auch den Nil oder Indus gedacht. Im Grunde handelt es sich wohl um einen nicht fixierbaren, mythischen Fluß, der oft in Verbindung mit dem Bernstein gebracht wird, dessen wunderbare Eigenschaften auch einem wunderbaren Entstehen in einem wunderbaren Fluß zugeschrieben werden müssen.

Das zweite Gespräch
Apollon und Hephaistos
über Hermes als schlauen Dieb

Mythologische Informationen zum 2. Göttergespräch

1. *Hephaistos:* Hephaistos kommt mit einem Geburtsfehler zur Welt: er hinkt. Seine Mutter Hera (Vater ist Zeus) wirft ihn deswegen aus dem Olymp ins Meer. Dort wird er allerdings von den Töchtern des Nereus, den Nereiden, aufgenommen und gepflegt. Er kehrt später in den Olymp zurück, wo er für sich und die übrigen Götter prächtige Paläste baut.

In seiner unterirdischen Schmiede (oft im Aetna angesiedelt) schmiedet er mit seinen Gehilfen, den Kyklopen u. a. auch kostbare Waffen, etwa für Achill oder später für Aineias. Von ihm stammen auch die Aegis der Athene, das Szepter des Zeus, der Wagen des Helios und noch anderes mehr.

Dem großen Künstler wird trotz seiner körperlichen Mängel die schönste Göttin, Aphrodite (nach der Odysse) bzw. Charis (nach der Ilias) zur Frau gegeben.

2. *Apollon* (Phoibos Apollon): Wenige Tage nach seiner Geburt tötet A. den Drachen Python in Delphi und übernimmt das Orakel. An dieses Ereignis erinnern die sog. „Pythischen Spiele".

A. besitzt zahlreiche verschiedene Wesenszüge und Funktionen: er ist ein helfender Gott, verbreitet aber auch gleichzeitig Tod und Verderben (z. B. in der Ilias gegen die Griechen). Vor allem ist er ein Gott des Orakels und der Künste (bes. Musik und Wissenschaften).

3. *Maia:* Maia, Tochter des Atlas und der Pleione, ist Mutter des Hermes.

4. *Hermes:* Kaum ist H. in einer Höhle des Berges Kyllene in Arkadien zur Welt gekommen, so erfindet er die Leier und stiehlt seinem Bruder Apollon eine Rinderherde. Gegen Abgabe der Leier an Apollon darf er die Rinder behalten. Apollon schenkt ihm auch seinen goldenen Zauberstab, mit dem H. später Argos, den hundertäugigen Wächter der Io, einschläfert.

Seine Aufgaben sind vielfältig: Götterbote, Gott des Handels, der Diebe, Geleiter der Toten usw.

(Nr. 7) ΗΦΑΙΣΤΟΥ ΚΑΙ ΑΠΟΛΛΩΝΟΣ

ΗΦΑΙΣΤΟΣ: Ἑώρακας, ὦ Ἄπολλον, τὸ τῆς Μαίας βρέφος[1] τὸ ἄρτι τεχϑέν; ὡς καλόν τέ ἐστι καὶ προσμειδιᾷ[2] πᾶσι καὶ δηλοῖ ἤδη μέγα τι ἀγαϑὸν ἀποβησόμενον.
ΑΠΟΛΛΩΝ: Ἐκεῖνο τὸ βρέφος,[1] ὦ Ἥφαιστε, ᾗ μέγα ἀγαϑόν, ὃ τοῦ
5 Ἰαπετοῦ*[ ] πρεσβύτερόν[3] ἐστιν ὅσον ἐπὶ τῇ πανουργίᾳ;[4]
ΗΦΑΙΣΤΟΣ: Καὶ τί ἂν ἀδικῆσαι δύναιτο ἀρτίτοκον ὄν;
ΑΠΟΛΛΩΝ: Ἐρώτα τὸν Ποσειδῶνα, οὗ τὴν τρίαιναν[5] ἔκλεψεν, ἢ τὸν Ἄρη· καὶ τούτου γὰρ ἐξείλκυσε λαϑὸν ἐκ τοῦ κολεοῦ[6] τὸ ξίφος,[7] ἵνα μὴ ἐμαυτὸν λέγω, ὃν ἀφώπλισε[8] τοῦ τόξου καὶ τῶν βελῶν.
10 ΗΦΑΙΣΤΟΣ: Τὸ νεογνὸν ταῦτα, ὃ μόλις ἕστηκε, τὸ ἐν τοῖς σπαργάνοις;[9]
ΑΠΟΛΛΩΝ: Εἴσῃ, ὦ Ἥφαιστε, ἤν σοι προσέλϑῃ μόνον.
ΗΦΑΙΣΤΟΣ: Καὶ μὴν προσῆλϑεν ἤδη.
ΑΠΟΛΛΩΝ: Τί οὖν; πάντα ἔχεις τὰ ἐργαλεῖα[10] καὶ οὐδὲν ἀπόλωλεν αὐτῶν;
ΗΦΑΙΣΤΟΣ: Πάντα, ὦ Ἄπολλον.
15 ΑΠΟΛΛΩΝ: Ὅμως ἐπίσκεψαι ἀκριβῶς.
ΗΦΑΙΣΤΟΣ: Μὰ Δία, τὴν πυράγραν[11] οὐχ ὁρῶ.
ΑΠΟΛΛΩΝ: Ἀλλ' ὄψει που ἐν τοῖς σπαργάνοις[12] αὐτὴν τοῦ βρέφους.[13]
ΗΦΑΙΣΤΟΣ: Οὕτως ὀξύχειρ ἐστὶ καϑάπερ ἐν τῇ γαστρὶ ἐκμελετήσας τὴν κλεπτικήν;[14]
20 ΑΠΟΛΛΩΝ: Οὐ γὰρ ἤκουσας αὐτοῦ καὶ λαλοῦντος[15] ἤδη στωμύλα[16] καὶ ἐπίτροχα·[17] ὁ δὲ καὶ διακονεῖσϑαι[18] ἡμῖν ἐϑέλει. χϑὲς δὲ προκαλεσάμενος τὸν Ἔρωτα κατεπάλαισεν[19] εὐϑὺς οὐκ οἶδ' ὅπως ὑφελὼν τὼ πόδε·[20] εἶτα μεταξὺ ἐπαινούμενος τῆς Ἀφροδίτης μὲν τὸν κεστὸν*[21] ἔκλεψε προσπτυξαμένης[22] αὐτὸν ἐπὶ τῇ νίκῃ, τοῦ Διὸς δὲ γελῶντος ἔτι τὸ σκῆπτρον·[23] εἰ δὲ μὴ βαρύτερος
25 ὁ κεραυνὸς[24] ἦν καὶ πολὺ[25] τὸ πῦρ εἶχε, κἀκεῖνον ἂν ὑφείλετο.
ΗΦΑΙΣΤΟΣ: Γοργόν[26] τινα τὸν παῖδα φής.
ΑΠΟΛΛΩΝ: Οὐ μόνον, ἀλλ' ἤδη καὶ μουσικόν.
ΗΦΑΙΣΤΟΣ: Τῷ τοῦτο τεκμαίρεσϑαι ἔχεις;
ΑΠΟΛΛΩΝ: Χελώνην[27] που νεκρὰν εὑρὼν ὄργανον*[ ] ἀπ' αὐτῆς συνεπήξα-
30 το·[28] πήχεις[29] γὰρ ἐναρμόσας καὶ ζυγώσας,[30] ἔπειτα κολλάβους[31] ἐμπήξας καὶ

Worterklärungen

1. τὸ βρέφος, βρέφους — das neugeborene Kind, „Baby"
2. προσμειδιάω — zulächeln
3. πρέσβυς — alt
4. ἡ πανουργία — Verschlagenheit
5. ἡ τρίαινα — Dreizack
6. ὁ κολεός — Schwertscheide (aus Silber oder Elfenbein)
7. τὸ ξίφος, -ους — Schwert
8. ἀφοπλίζω — entwaffnen, etwas wegnehmen
9. τὸ σπάργανον — die Windel
10. τὸ ἐργαλεῖον — Werkzeug, Arbeitsgerät
11. ἡ πυράγρα — Feuerzange
12. τὸ σπάργανον — Windel
13. τὸ βρέφος, -ους — neugeborenes Kind, „Baby"
14. κλεπτικὴν — erg.: τέχνην
15. λαλέω — sprechen
16. στωμύλος — mundfertig, zungenfertig
17. ἐπίτροχος, -ον — geläufig, schnell, gewandt
18. διακονέομαι — dienen, bedienen, bei Tisch aufwarten
19. καταπαλαίω — niederkämpfen, niederringen
20. τὼ πόδε — Dualformen: die Füße (Nom./Acc.)
21. ὁ κεστός — Zaubergürtel (Attribut der Aphrodite)
22. προσπτύσσω — fest umschlingen
23. τὸ σκῆπτρον — Szepter, Herrscherstab
24. ὁ κεραυνός — Blitz, Donnerschlag
25. πολύ — praedikativ: „und er das Feuer nicht als viel gehabt hätte" = „und wenn er nicht zu heiß gewesen wäre"
26. γοργός — furchtbar, schrecklich
27. ἡ χελώνη — Schildkröte
28. συμπήγνυμι — zusammenfügen
29. οἱ πήχεις — darunter sind die beiden *Hälse* der Lyra zu verstehen
30. ζυγόω — durch ein Querholz verbinden
31. οἱ κόλλαβοι — Wirbel (eigtl.: κόλλοπες)

μαγάδα³² ὑπουεὶς καὶ ἐντεινάμενος ἑπτὰ χορδὰς³³ ἐμελῴδει³⁴ πάνυ γλαφυρόν,³⁵ ᾧ Ἥφαιστε, καὶ ἐναρμόνιον,³⁶ ὡς κἀμὲ αὐτῷ φϑονεῖν πάλαι κιϑαρίζειν³⁷ ἀσκοῦντα. ἔλεγε δὲ ἡ Μαῖα, ὡς μηδὲ μένοι τὰς νύκτας ἐν τῷ οὐρανῷ, ἀλλ' ὑπὸ περιεργίας³⁸ ἄχρι³⁹ τοῦ ᾅδου κατίοι, κλέψων τι κἀκεῖϑεν δηλαδή.⁴⁰ ὑπόπτερος⁴¹
35 δ' ἐστὶ καὶ ῥάβδον⁴² τινὰ πεποίηται ϑαυμασίαν τὴν δύναμιν,⁴³ ᾗ ψυχαγωγεῖ καὶ κατάγει τοὺς νεκρούς.

ΗΦΑΙΣΤΟΣ: Ἐγὼ ἐκείνην ἔδωκα αὐτῷ παίγνιον⁴⁴ εἶναι.⁴⁵

ΑΠΟΛΛΩΝ: Τοιγαροῦν ἀπέδωκέ σοι τὸν μισϑόν, τὴν πυράγραν⁴⁶...

ΗΦΑΙΣΤΟΣ: Εὖ γε ὑπέμνησας· ὥστε βαδιοῦμαι ἀποληψόμενος αὐτήν, εἴ
40 που ὡς φῂς εὑρεϑείη ἐν τοῖς σπαργάνοις.⁴⁷

Sachkommentar (*)

Z. 5 Ἰαπετοῦ: einer der Titanen, also der ältesten Gottheiten, vgl. die Genealogie im Kommentar zu G I. Apollo benutzt hier ein Sprichwort; wir kennen ein ähnliches: „so alt wie Methusalem".

Z. 23 τὸν κεστόν: In der Ilias heißt es vom Gürtel der Aphrodite (Il. 14,214/217): „Sprach es und löste von der Brust den bestickten Riemen, den bunten, worin ihr alle Bezauberung gewirkt waren, dort drinnen war Liebeskraft, drinnen Verlangen, drinnen Liebesgeflüster, Verführung, die auch den verständig Denkenden den Sinn raubt" (Schadewaldt).

Z. 29 Bau der Lyra:

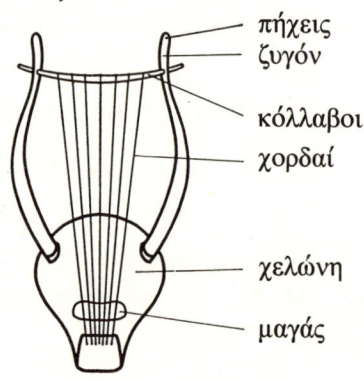

- πήχεις
- ζυγόν
- κόλλαβοι
- χορδαί
- χελώνη
- μαγάς

32. ἡ μαγάς, -άδος	Steg
33. αἱ χορδαί	Saiten
34. μελῳδέω	singen
35. γλαφυρόν (adv.)	fein
36. ἐναρμόνιον (adv.)	harmonisch, melodiös
37. κιθαρίζειν	die Kithara spielen
38. ἡ περιεργία	übertriebene Geschäftigkeit, Vorwitz
39. ἄχρι c. gen.	bis hin
40. δηλαδή	offenbar, ganz offensichtlich
41. ὑπόπτερος, -ον	geflügelt, beschwingt
42. ἡ ῥάβδος	Zauberstab (Attribut des Hermes)
43. τὴν δύναμιν	Acc. d. Bez. zu θαυμασίαν
44. τὸ παίγνιον	Spielzeug
45. εἶναι	(finaler Infinitiv, kann bei der Übersetzung wegfallen)
46. ἡ πυράγρα	Feuerzange
47. τὸ σπάργανον	Windel

Das dritte Gespräch
Hermes und Maia
über Hermes' „Arbeitsüberlastung"

(Nr. 24) ΕΡΜΟΥ ΚΑΙ ΜΑΙΑΣ

ΕΡΜΗΣ: Ἔστι γάρ τις, ὦ μῆτερ, ἐν οὐρανῷ ϑεὸς ἀϑλιώτερος ἐμοῦ;
ΜΑΙΑ: Μὴ λέγε, ὦ Ἑρμῆ, τοιοῦτον μηδέν.
ΕΡΜΗΣ: Τί μὴ λέγω, ὃς τοσαῦτα πράγματα ἔχω, μόνος κάμνων καὶ πρὸς τοσαύτας ὑπηρεσίας[1] διασπώμενος;[2] ἕωϑεν[3] μὲν γὰρ ἐξαναστάντα σαίρειν[4] τὸ
5 συμπόσιον[5] δεῖ καὶ διαστρώσαντα[6] τὴν κλισίαν[7] εὐϑετίσαντά[8] τε ἕκαστα παρεστάναι τῷ Διὶ καὶ διαφέρειν τὰς ἀγγελίας παρ' αὐτοῦ ἄνω καὶ κάτω ἡμεροδρομοῦντα,[9] καὶ ἐπανελϑόντα ἔτι κεκονιμένον[10] παρατιϑέναι τὴν ἀμβροσίαν·[11] πρὶν δὲ τὸν νεώνητον[12] τοῦτον οἰνοχόον*[13] ἥκειν, καὶ τὸ νέκταρ[14] ἐγὼ ἐνέχεον.[15] τὸ δὲ πάντων δεινότατον, ὅτι μηδὲ νυκτὸς καϑεύδω
10 μόνος τῶν ἄλλων, ἀλλὰ δεῖ με καὶ τότε τῷ Πλούτωνι ψυχαγωγεῖν καὶ νεκροπομπὸν εἶναι καὶ παρεστάναι τῷ δικαστηρίῳ· οὐ γὰρ ἱκανά μοι τὰ τῆς ἡμέρας ἔργα, ἐν παλαίστραις[16] εἶναι καὶ ταῖς ἐκκλησίαις κηρύττειν καὶ ῥήτορας ἐκδιδάσκειν, ἀλλ' ἔτι νεκρικὰ συνδιαπράττειν[17] μεμερισμένον.[18] καίτοι τὰ μὲν τῆς Λήδας τέκνα* παρ' ἡμέραν ἑκάτερος ἐν οὐρανῷ ἢ ἐν ᾅδου

Worterklärungen

1. ἡ ὑπηρεσία — Dienst
2. διασπάω — zerreißen
3. ἕωθεν — morgens, in der Frühe
4. σαίρω — wedeln, fegen
5. τὸ συμπόσιον — Speisesaal
6. διαστρώννυμι — auspolstern
7. ἡ κλισία — Sessel
8. εὐθετίζω — zurechtsetzen, ordnen
9. ἡμεροδρομέω — wie ein Eilbote laufen
10. κονίω — mit Staub bedecken
11. ἡ ἀμβροσία — Ambrosia (Speise der Götter)
12. νεώνητος, -ον — neugekauft
13. ὁ οἰνοχόος — Mundschenk
14. τὸ νέκταρ, -αρος — Nektar (Speise der Götter)
15. ἐγχέω — einschenken
16. ἡ παλαίστρα — Wettkampfstätte, Palaistra
17. συνδιαπράττω — miterledigen
18. μερίζω — teilen

Sachkommentar (*)

Z. 8 νεώητον ... οἰνοχόον: gemeint ist Ganymed, den Zeus seinem Vater Tros geraubt hatte. Tros hatte dafür unsterbliche Rösser und einen goldenen Weinstock als Entschädigung erhalten. Zeus machte Ganymed als schönsten aller Menschen zum Mundschenk an der göttlichen Tafel.

Z. 14 τὰ ... τῆς Λήδας τέκνα: Kastor und Polydeukes; vgl. das vierte Gespräch. Kastor und Polydeukes (= die Dioskuren „Söhne des Zeus") waren wegen ihrer „sportlichen" Fähigkeiten berühmt: Kastor war ein berühmter Wagenlenker, Polydeukes ein ebenso berühmter Faustkämpfer. Nach einer Überlieferung war Zeus nur Vater von Polydeukes, so daß Kastor ein sterblicher Mensch war. Die Brüder teilten sich dann die Unsterblichkeit, so daß jeweils abwechselnd einer einen Tag im Olymp, den anderen im Hades zubrachte.

εἰσίν, ἐμοὶ δὲ καθ' ἑκάστην ἡμέραν κἀκεῖνα καὶ ταῦτα ποιεῖν ἀναγκαῖον, καὶ οἱ μὲν Ἀλκμήνης καὶ Σεμέλης* ἐκ γυναικῶν δυστήνων[19] γενόμενοι εὐωχοῦνται[20] ἀφρόντιδες,[21] ὁ δὲ Μαίας τῆς Ἀτλαντίδος* διακονοῦμαι[22] αὐτοῖς. καὶ νῦν ἄρτι ἥκοντά με ἀπὸ Σιδῶνος παρὰ τῆς Κάδμου θυγατρός*, ἐφ' ἣν πέπομφέ με ὀψόμενον, ὅ τι πράττει ἡ παῖς, μηδὲ ἀναπνεύσαντα[23] πέπομφεν αὖθις ἐς τὸ Ἄργος ἐπισκεψόμενον τὴν Δανάην*, „εἶτ' ἐκεῖθεν ἐς Βοιωτίαν", φησίν, „ἐλθὼν ἐν παρόδῳ τὴν Ἀντιόπην* ἰδέ". καὶ ὅλως ἀπηγόρευκα ἤδη. εἰ γοῦν δυνατὸν ἦν, ἡδέως ἂν ἠξίωσα πεπρᾶσθαι*,[24] ὥσπερ οἱ ἐν γῇ κακῶς δουλεύοντες.

ΜΑΙΑ: Ἔα ταῦτα, ὦ τέκνον· χρὴ γὰρ πάντα ὑπηρετεῖν τῷ πατρὶ νεανίαν ὄντα. καὶ νῦν ὥσπερ ἐπέμφθης, σόβει[25] ἐς Ἄργος, εἶτα ἐς τὴν Βοιωτίαν, μὴ καὶ πληγὰς βραδύνων[26] λάβῃς· ὀξύχολοι[27] γὰρ οἱ ἐρῶντες.

19. δύστηνος, -ον	unglücklich, unselig
20. εὐωχόομαι	schmausen
21. ἄφροντις, -ιδος	sorglos
22. διακονέομαι	bei Tisch aufwarten
23. ἀναπνέω	aufatmen, sich erholen
24. πιπράσκω	verkaufen; Perf. Pass.: πέπραμαι
25. σοβέω	intransitiv: sich eilen, sputen
26. βραδύνω	zögern, säumen
27. ὀξύχολος, -ον	jähzornig

Z. 16 οἱ ... Ἀλκμήνης καὶ Σεμέλης: Alkmenes Sohn war Herakles, Semeles Dionysos. Semele starb, als sie Zeus auf ihren Wunsch hin in all seiner Herrlichkeit sieht. Zeus kann den noch ungeborenen Dionysos retten.
Z. 17 Ἀτλαντίδος: Maia, Mutter des Hermes, war Tochter des Atlas.
Z. 18 ἀπὸ Σιδῶνος παρὰ τῆς Κάδμου θυγατρός: Sidon liegt in Phönikien (heute Libanon). Gemeint ist hier Europa, die allerdings nicht Tochter des Kadmos war, sondern seine Schwester.
Z. 20 τὴν Δανάην: Tochter des Königs Akrisios von Argos. Zeus begegnete ihr in einem Goldregen. Sie wird Mutter des Perseus.
Z. 21 τὴν Ἀντιόπην: Der Antiope näherte sich Zeus in Gestalt eines Satyrs. Aus dieser Verbindung stammen Amphion und Zethos, zwei vom Charakter her völlig verschiedene Brüder, obschon sie Zwillinge waren. Zethos ist ein athletisch gebauter Sportler und Jäger, Amphion fühlt sich den Musen verpflichtet, sein Leben gehört der Lyra, die ihm Hermes schenkte. Die Zwillinge bringen die Herrschaft in Theben, die ihnen rechtmäßig zusteht, an sich und bauen auf wunderbare Weise die Stadtmauer: während Zethos seine physischen Kräfte einsetzt, fügen sich die Steine durch den Gesang und den Klang der Lyra für Amphion von selbst zusammen.
Die Zwillinge werden auch die „thebanischen Dioskuren" genannt (vgl. oben zu Z. 14)
Z. 22 πεπρᾶσθαι: Der einzige Schutz der Sklaven gegen die Grausamkeit ihres Herren bestand darin, in das „Theseion" oder an irgendeinen anderen Altar zu flüchten; daraufhin konnte der Herr gezwungen werden, den Sklaven zu verkaufen.

Das vierte Gespräch
Apollon und Hermes
über Kastor und Polydeukes und darüber, wie leicht man sie verwechseln kann

(Nr. 26) ΑΠΟΛΛΩΝΟΣ ΚΑΙ ΕΡΜΟΥ

ΑΠΟΛΛΩΝ: Ἔχεις μοι εἰπεῖν, ὦ Ἑρμῆ, πότερος ὁ Κάστωρ* ἐστὶ τούτων ἢ πότερος ὁ Πολυδεύκης*; ἐγὼ γὰρ οὐκ ἂν διακρίναιμι αὐτούς.
ΕΡΜΗΣ: Ὁ μὲν χθὲς ἡμῖν ξυγγενόμενος ἐκεῖνος Κάστωρ ἦν, οὗτος δὲ Πολυδεύκης.
5 ΑΠΟΛΛΩΝ: Πῶς διαγινώσκεις; ὅμοιοι γάρ.
ΕΡΜΗΣ: Ὅτι οὗτος μέν, ὦ Ἄπολλον, ἔχει ἐπὶ τοῦ προσώπου τὰ ἴχνη τῶν τραυμάτων, ἃ ἔλαβε παρὰ τῶν ἀνταγωνιστῶν πυκτεύων,[1] καὶ μάλιστα ὁπόσα ὑπὸ τοῦ Βέβρυκος Ἀμύκου* ἐτρώθη τῷ Ἰάσονι συμπλέων, ἅτερος δὲ οὐδὲν τοιοῦτον ἐμφαίνει, ἀλλὰ καθαρός ἐστι καὶ ἀπαθὴς[2] τὸ πρόσωπον.
10 ΑΠΟΛΛΩΝ: Ὤνησας διδάξας τὰ γνωρίσματα, ἐπεὶ τά γε ἄλλα πάντα ἴσα, τοῦ ᾠοῦ τὸ ἡμίτομον[3] καὶ ἀστὴρ ὑπεράνω[4] καὶ ἀκόντιον ἐν τῇ χειρὶ καὶ ἵππος ἑκατέρῳ λευκός, ὥστε πολλάκις ἐγὼ τὸν μὲν προσεῖπον Κάστορα Πολυδεύκην ὄντα, τὸν δὲ τῷ τοῦ Πολυδεύκους ὀνόματι. ἀτὰρ εἰπέ μοι καὶ τόδε, τί δήποτε[5] οὐκ ἄμφω ξύνεισιν ἡμῖν, ἀλλ' ἐξ ἡμισείας[6] ἄρτι μὲν νεκρός, ἄρτι δὲ
15 θεός ἐστιν ἅτερος αὐτῶν;
ΕΡΜΗΣ: Ὑπὸ φιλαδελφίας τοῦτο ποιοῦσιν· ἐπεὶ γὰρ ἔδει ἕνα μὲν τεθνάναι τῶν Λήδας υἱέων, ἕνα δὲ ἀθάνατον εἶναι, ἐνείμαντο οὕτως αὐτοὶ τὴν ἀθανασίαν.
ΑΠΟΛΛΩΝ: Οὐ ξυνετήν,[7] ὦ Ἑρμῆ, τὴν νομήν, οἵ γε οὐδὲ ὄψονται οὕτως
20 ἀλλήλους, ὅπερ ἐπόθουν, οἶμαι, μάλιστα· πῶς γάρ, ὁ μὲν παρὰ θεοῖς, ὁ δὲ παρὰ τοῖς φθιτοῖς[8] ὤν; πλὴν ἀλλ'[9] ὥσπερ ἐγὼ μαντεύομαι, ὁ δὲ Ἀσκληπιὸς ἰᾶται,[10] σὺ δὲ παλαίειν[11] διδάσκεις παιδοτρίβης[12] ἄριστος ὤν, ἡ δὲ Ἄρτεμις μαιεύεται[13] καὶ τῶν ἄλλων ἕκαστος ἔχει τινὰ τέχνην ἢ θεοῖς ἢ ἀνθρώποις χρησίμην, οὗτοι δὲ τί ποιήσουσιν ἡμῖν; ἢ ἀργοὶ[14] εὐωχήσονται[15] τηλικοῦτοι
25 ὄντες;
ΕΡΜΗΣ: Οὐδαμῶς, ἀλλὰ προστέτακται αὐτοῖν ὑπηρετεῖν τῷ Ποσειδῶνι καὶ καθιππεύειν δεῖ τὸ πέλαγος καὶ ἐάν που ναύτας χειμαζομένους[16] ἴδωσιν, ἐπικαθίσαντας ἐπὶ τὸ πλοῖον σῴζειν τοὺς ἐμπλέοντας.
ΑΠΟΛΛΩΝ: Ἀγαθήν, ὦ Ἑρμῆ, καὶ σωτήριον λέγεις τὴν τέχνην.

Worterklärungen

1. πυκτεύω — mit der Faust kämpfen, Faustkämpfer sein
2. ἀπαθής, -ές — ohne Leid, unverletzt
3. τοῦ ᾠοῦ τὸ ἡμίτομον — das halbe Ei
4. ὑπεράνω — darüber
5. τί δήποτε — warum in aller Welt
6. ἐξ ἡμισείας — zur Hälfte
7. ξυνετός, -ή, -όν — klug, vernünftig
8. φθιτός, -ή, -όν — tot
9. πλὴν ἀλλ' — gleichwohl aber, indessen
10. ἰάομαι — vgl. ἰατρός; Asklepios war Heilgott
11. παλαίειν — im Wettkampf kämpfen, ringen
12. ὁ παιδοτρίβης — Turnlehrer
13. μαιεύομαι — die Hebammenkunst ausüben
14. ἀργός, -ή, -όν — träge, faul
15. εὐωχέομαι — schmausen
16. χειμάζομαι — vom Unwetter betroffen werden

Sachkommentar (*)

Z. 1/2 ὁ Κάστωρ... ὁ Πολυδεύκης: siehe Sachkommentar zu G III.

Z. 8 τοῦ Βέβρυκος Ἀμύκου... τῷ Ἰάσονι: Amykos, der König der Bebryker, war es gewohnt, alle Fremden zu einem Boxkampf herauszufordern. Dabei blieb er stets Sieger, bis er auf Polydeukes traf, der zusammen mit seinem Bruder Kastor an der Argonautenfahrt unter Führung des Jason teilnahm. Amykos unterlag und bezahlte seine Niederlage mit dem Leben.

Das fünfte Gespräch
Ares und Hermes
über Zeus' hochfahrenden Machtanspruch

(Nr. 21) ΑΡΕΩΣ ΚΑΙ ΕΡΜΟΥ

ΑΡΗΣ: Ἤκουσας, ὦ Ἑρμῆ, οἷα ἠπείλησεν ἡμῖν ὁ Ζεύς, ὡς ὑπεροπτικὰ[1] καὶ ἀπίθανα; „ἢν ἐθελήσω", φησίν, „ἐγὼ μὲν ἐκ τοῦ οὐρανοῦ σειρὰν[2] καθήσω, ὑμεῖς δὲ ἀποκρεμασθέντες[3] κατασπᾶν[4] βιάσεσθέ[5] με, ἀλλὰ μάτην πονήσετε· οὐ γὰρ δὴ καθελκύσετε· ἐγὼ δὲ εἰ θελήσαιμι ἀνελκύσαι, οὐ μόνον ὑμᾶς, ἀλλὰ
5 καὶ τὴν γῆν ἅμα καὶ τὴν θάλατταν συναρτήσας[6] μετεωριῶ"[7] καὶ τἆλλα, ὅσα καὶ σὺ ἀκήκοας. ἐγὼ δὲ ὅτι μὲν καθ' ἕνα πάντων ἀμείνων καὶ ἰσχυρότερός ἐστιν, οὐκ ἂν ἀρνηθείην,[8] ὁμοῦ δὲ τῶν τοσούτων ὑπερφέρειν,[9] ὡς μὴ καταπονήσειν[10] αὐτόν, ἢν καὶ τὴν γῆν καὶ τὴν θάλατταν προσλάβωμεν, οὐκ ἂν πεισθείην.
10 ΕΡΜΗΣ: Εὐφήμει,[11] ὦ Ἄρες· οὐ γὰρ ἀσφαλὲς λέγειν τὰ τοιαῦτα, μὴ καί τι κακὸν ἀπολαύσωμεν τῆς φλυαρίας.[12]
ΑΡΗΣ: Οἴει γάρ με πρὸς πάντας ἂν ταῦτα εἰπεῖν, οὐχὶ δὲ πρὸς μόνον σέ, ὃν ἐχεμυθεῖν[13] ἠπιστάμην; ὃ γοῦν μάλιστα γελοῖον ἔδοξέ μοι ἀκούοντι μεταξὺ τῆς ἀπειλῆς, οὐκ ἂν δυναίμην σιωπῆσαι πρὸς σέ· μέμνημαι γὰρ οὐ πρὸ πολλοῦ
15 ὁπότε ὁ Ποσειδῶν καὶ ἡ Ἥρα καὶ ἡ Ἀθηνᾶ ἐπαναστάντες ἐπεβούλευον ξυνδῆσαι λαβόντες αὐτόν, ὡς παντοῖος ἦν δεδιώς, καὶ ταῦτα τρεῖς ὄντας, καὶ εἰ μή γε ἡ Θέτις κατελεήσασα ἐκάλεσεν αὐτῷ σύμμαχον Βριάρεων ἑκατόγχειρα ὄντα, κἂν ἐδέδετο αὐτῷ κεραυνῷ καὶ βροντῇ.[14] ταῦτα λογιζομένῳ ἐπῄει μοι γελᾶν ἐπὶ τῇ καλλιρρημοσύνῃ[15] αὐτοῦ.
20 ΕΡΜΗΣ: Σιώπα, φημί· οὐ γὰρ ἀσφαλὲς οὔτε σοὶ λέγειν οὔτ' ἐμοὶ ἀκούειν τὰ τοιαῦτα.

Worterklärungen

1. ὑπεροπτικός, -όν — stolz
2. ἡ σειρά — Seil
3. ἀποκρεμάννυμαι (pass.) — hängen an
4. κατασπάω — herabziehen
5. βιάζομαι — hier: mit Gewalt versuchen
6. συναρτάω — verknüpfen, verbinden
7. μετεωρίζω — in die Höhe heben
8. ἀρνέομαι (pass.) — ablehnen, in Abrede stellen
9. ὑπερφέρω — übertreffen
10. καταπονέω — überwältigen, überwinden
11. εὐφημέω — andächtig schweigen
    εὐφήμει — Sei still!
12. ἡ φλυαρία — Geschwätz
13. ἐχεμυθέω — schweigen, „den Mund halten"
14. αὐτῷ κεραυνῷ καὶ βροντῇ — mitsamt seinem Blitz und Donner
15. ἡ καλλιρρημοσύνη — Großsprecherei

Anhang

Ergänzungstexte zum ersten Göttergespräch (Ovid),
zweiten Göttergespräch (Hermeshymnus)
und fünften Göttergespräch (Ilias)

Ergänzung zum ersten Göttergespräch

Die Fahrt des Phaethon mit dem Sonnenwagen seines Vaters Helios wird am ausführlichsten beschrieben in den *Metamorphosen* des römischen Dichters *Ovidius Naso*[1]. (met. 1,750–2,400).

Von einem Altersgenossen provoziert bittet der junge Phaethon seine Mutter Klymene, ihm den Namen seines Vaters preiszugeben, der ihm bisher nicht bekannt war und von dem er nun erfuhr, daß er ein Gott sei. Schließlich betreffe es auch die Ehre der Mutter, so sagt er ihr, daß er volle Gewißheit über seinen Vater erhalte und so weder er noch sie dem Gespött ausgesetzt seien. Klymene teilt ihm den Namen seines Vaters mit: es ist der Gott, der ihnen zusieht und zuhört, der Sonnengott Helios.

met. 1,776–779

    Auf strahlt Phaëthon da sogleich vor Freude nach solchen
Worten der Mutter und denkt sich schon in den Äther erhoben,
quert sein aethiopisches[2] Land und das unterm Brand des Gestirnes
liegende Indien und naht sich rüstig dem Aufgang des Vaters.

Es folgt die Beschreibung des „Sonnensaales", in dem Helios prachtvoll thront. In diesen Saal kommt nun Phaethon, zunächst geblendet vom strahlenden Licht.

met. 2,31–62

    Von seinem Platze inmitten ersah mit den Augen, die alles
schauen, der Gott den Jüngling, der zagend die Wunder bestaunte,
fragte: „Was ist der Grund deiner Fahrt? Was suchst in der Burg hier,
Phaëthon, du mein Sohn, vom Vater nicht zu verleugnen?"
35   Jener erwidert: „O Licht, dem unendlichen Weltall gemeinsam,
Phoebus,[3] Vater, vergönnst du mir dieses Namens Gebrauch und

---

[1] Ovid lebte vom 20. 3. 43 v. Chr. bis ca. 17 n. Chr. Zum hoch angesehenen und auch wohlhabenden Dichter der augusteischen Zeit geworden traf ihn 8 n. Chr. das Schicksal der Verbannung, die in vielen seiner Gedichte ihren Niederschlag fand.
Die Metamorphosen umfassen 15 Bücher, in denen Ovid in Hexametern die Verwandlung verschiedenster Gestalten des Mythos und überhaupt die Wandlung der Welt beschreibt.
[2] Aethiopisches Land: nach der Überlieferung war Klymene Frau eines Äthiopenkönigs.
[3] Phoebus: = Helios (lat.: Sol).

hehlt unter trügendem Bild nicht Clymene heimliche Schuld, dann
gib, mein Erzeuger, ein Pfand, das beglaubigt, daß ich dein echter
Nachkomme bin, und nimm aus diesem Herzen den Zweifel!"
40 Spricht es; der Vater legt die Strahlen, die rings es umblitzen,
nieder vom Haupt, er heißt ihn näher treten, umarmt ihn,
sagt: „Du verdienst es nicht, daß ich weigerte, dich als den Meinen
anzuerkennen, und wahr gab Clymene kund deinen Ursprung.
Daß du nicht zweifelst, verlang, es von mir zu erhalten, als Gabe,
45 was du nur willst. Es sei des Versprechens Zeuge der dunkle
Strom,[4] der fremd meinem Aug, bei dem die Götter beschwören."
 Kaum hat recht er geendet, da fordert jener, des Vaters
flügelfüßig Gespann einen Tag vom Wagen zu lenken.
 Daß er geschworen, reute den Vater, dreimal und viermal
50 schüttelnd sein hehres Haupt versetzt er: „Zur Torheit geworden
ist mein Wort durch das deine. O dürft' ich, was ich versprochen,
nicht dir erfüllen, mein Sohn, ich gesteh', dies eine versagt ich.
Abraten darf ich. Nicht ohne Gefahr ist dies dein Begehren.
Großes verlangst, mein Phaëthon, du, ein Geschenk, wie es deinen
55 Kräften hier nicht entspricht und den Jahren nicht eines Knaben.
Sterblich dein Los. Unsterblichkeit heischt, was hier du dir forderst.
Ja, noch mehr, als selbst einem Gott zu erlangen vergönnt ist,
wünschst unwissend du dir. Es mag sich ein jeder gefallen:
außer mir allein wird doch auf dem feurigen Wagen
60 keiner bestehn. Auch Er, der Herr des weiten Olympus,
der mit der schrecklichen Hand die Blitze, die wütenden, sendet,
führe ihn kaum. Und was haben wir Größeres als den Saturnsohn?[5]
 Jetzt geht Helios daran, die Bahn seiner Fahrt über den Himmel zu
beschreiben. Da heißt es u. a.:
met. 2,70–89
70 Dann: es dreht sich der Himmel in endlos rasendem Wirbel,
führt die Gestirne heraus und hinunter in schwindelnder Eile.
Ich aber biete die Stirn; der allbezwingende Ansturm
zwingt mich nicht, ich fahre entgegen dem reißenden Kreislauf.
Wirst du den rollenden Polen – nimm an, ich gab dir den Wagen –
75 können begegnen, daß dich die Achse, die schnelle, nicht mitreißt?
Und es vermutet vielleicht dein Sinn, es seien dort oben
Haine, Städte der Götter und Heiligtümer, an Gaben

---

[4] Gemeint ist der Unterweltfluß Styx, bei dem die Götter schwören. Dieser Eid konnte nicht mehr gebrochen werden.
[5] Saturnsohn: = Sohn des Kronos = Zeus (vgl. die Genealogie [Stammbaum] im Kommentar zu G 1).

reich? – Durch Tücken führt es und wilder Tiere Gestalten!
Hältst du wirklich die Bahn, auf keinen Abweg verleitet,
80 dann, dann fährst du hindurch durch die Hörner des dräuenden Stieres,[6]
durch des Thessaliers Bogen, den Rachen des grimmigen Löwen,
durch den Skorpion, der wild in weiter Runde die Scheren
krümmt, und den Krebs, der die seinen auf andere Weise gekrümmt hält.
Und, zu beherrschen die Rosse – ihr Mut ist wild von dem Feuer,
85 das in der Brust ihnen brennt, das aus Maul und Nüstern sie schnauben, –
wird nicht leicht für dich sein. Sie fügen auch mir sich nur ungern,
hat erst ihr Blut sich erhitzt, und es sträubt sich ihr Nacken dem Zügel.
Du aber hüte dich, Sohn, daß ich nicht einer tödlichen Gabe
Geber dir werde, berichtge, solang es noch Zeit, deine Wünsche.
Inständig bittet Helios seinen Sohn, von seinem Vorhaben abzulassen:
met. 2,90–102
90 Sicheres Pfand verlangst du, zu glauben, daß du aus meinem
Blute entstammst – meine Furcht, sie gibt ein sicheres Pfand dir,
und mit Vaterangst beweise ich, daß ich dein Vater.
Sieh mein Gesicht! O könnte dein Blick sich senken ins Innre
tief meiner Brust und dort die Vatersorgen erfassen!
95 Laß mich enden und sieh umher, was die Welt dir, die reiche,
biete: von all den Schätzen des Himmels, der Erde, des Meeres
fordere, was es auch sei, du wirst kein Verweigern erfahren:
nur von dem Einen, ich bitte dich laß, das Strafe mit wahrem
Namen,[7] nicht Ehre – ja Strafe, mein Sohn, nicht Gabe verlangst du. –
100 Was, o Verblendeter, schlingst um den Hals du mir schmeichelnd die Arme?
Zweifle nur nicht, du erhältst – ich habe beim Styx dir geschworen –
was du immer dir wünschst. Doch du, o wünsche dir weiser!"
Aber Phaethon läßt sich nicht beirren, sein Vater muß ihn schließlich
zum Wagen führen. Die Zeit drängt, Helios gibt ihm Instruktionen, wobei
er ihn eindringlich warnt und ihn umzustimmen sucht. Phaethon besteigt
den Sonnenwagen, die Fahrt geht los.
met. 2,161–207
Doch das Gewicht war leicht, daß die Rosse der Sonne es kaum zu
spüren vermochten, es fehlte dem Joch die übliche Schwere.
Und wie das bauchige Schiff, das ohne die rechte Belastung,
haltlos, zu leicht für die Fahrt, hintreibt und schwankt auf dem Meere,

---

[6] Gemeint sind jeweils die Tierkreiszeichen (als Angabe der Himmelsrichtung). Thessalier: das Sternzeichen des Schützen (der an den Himmel versetzte Kentaur Cheiron, Erzieher u. a. des Achilleus, thessalischer Abkunft, wurde gewöhnlich als Schütze dargestellt).

[7] Helios sagt, daß die Fahrt mit dem Sonnenwagen letztlich eine Strafe für Phaethon sei, keine Ehre.

165 so sprang hoch in die Luft bei jedem Stoß, der gewohnten
Bürde entbehrend, wie wenn er leer gewesen, der Wagen.
Und sie merken es, stürzen dahin, verlassen des Vierspanns
alte Geleise und rennen nicht mehr in der früheren Ordnung.
Er aber zagt, wohin die geliehenen Rosse er zügle,
170 weiß den Weg nicht, und, wenn er ihn wüßte, nicht, wie er sie lenke.
Da empfanden die Ochsen des Nordens erstmals der Strahlen
Hitze und suchten umsonst im verbotenen Naß sich zu kühlen.
Auch die Schlange[8] ward heiß, die zunächst dem eisigen Pole,
träg von der Kälte bisher, noch keinem zum Schrecknis geworden;
175 und sie gewann in der Glut ein neues, grimmiges Wesen.
Du auch Bootes[9] seiest verstört, so erzählt man, geflohen,
da du doch langsam sonst, und sowohl dich dein Wagen behindert.
  Phaëthon aber, als der Unselige blickt von des Äthers
Höhn auf die Erde, die tief, so tief da unten gelegen,
180 faßt ihn das Graun, es zittern in plötzlicher Angst ihm die Knie, und
schwarz vor die Augen tritt durch so viel Licht ihm das Dunkel.
Lieber hätte er schon niemals erlangt seines Vaters
Rosse, erkannt sein Geschlecht, erfüllt seine Bitte gesehn; der
gerne des Merops[10] schon hieß', ihn entführt's wie ein Schiff, das der Nordwind
185 plötzlich erfaßt, dessen Lenker das Steuer gelassen, des Fahrzeugs
nutzlosen Zügel, den Göttern es unter Gelübden befehlend.
Was soll er tun? Schon viel des Himmels liegt ihm im Rücken,
vor seinen Augen doch mehr. Er mißt im Geiste nach beiden
Enden, blickt bald voraus nach dem Niedergang, den zu erreichen,
190 nicht ihm bestimmt, bald blickt er wieder zurück nach dem Aufgang,
weiß sich, verwirrt, keinen Rat; zwar hält er die Zügel noch fest, doch
kann er die Rosse nicht halten, auch kennt er nicht ihre Namen.
  Jetzt erschaut er am Himmel zerstreut voll Schrecken die vielen
grausigen Wundergebilde von ungeheuren Tieren.
195 Da ist ein Ort, an dem zu doppeltem Bogen die Zangen
wölbt der Skorpion und mit Schwanz und nach beiden Seiten gereckten
Armen den zweifachen Raum der anderen Sternbilder einnimmt.
Als der Knabe ihn sieht, wie er triefend von giftigem, schwarzem
Schweiß den gekrümmten Stachel erhebt und Wunden ihm droht, da
200 läßt er in sinnloser Angst und kaltem Grausen die Zügel.
Und sowie sie am Grat ihres Rückens gleiten sie fühlen,

---

[8] Sternbild der Schlange in der Nähe des Skorpion.
[9] Bootes: Sternbild in der Nähe des Großen Bären.
[10] D. h., Phaethon wollte jetzt lieber der Sohn seines sterblichen Stiefvaters Merops sein.

>   brechen die Renner aus, durchlaufen, da nichts mehr sie hindert,
>   fremde Bezirke im Luftreich; dahin, wo ihr Drang sie getrieben,
>   rasen sie ohne Gesetz, auf Sterne, die hoch in dem Äther
> 205 haften, stürmen sie, reißen den Wagen fort von der Straße,
>   streben bald zur Höh, bald jagen sie abwärts auf steilen
>   Pfad und geraten so in den Raum, der benachbart der Erde.

Ovid schildert nun in eindringlichen Worten und Farben die Zerstörung der Welt, das Durcheinander und das Chaos, das der außer Kontrolle geratene Sonnenwagen und die vor ihn gespannten Rösser anrichten. Über allem steht Phaethon machtlos im Wagen:

met. 2,227–234

>   Phaëthon aber sieht da nun entzündet an allen
>   Enden den Erdkreis, er hält die gewaltige Hitze nicht aus, und
>   wie aus dem tiefen Schacht einer Esse schöpft er im Atem
> 230 feurige Luft und fühlt den Wagen unter sich glühen.
>   Schon vermag er der Asche emporgeschleuderten Staub nicht
>   mehr zu ertragen; umwölkt von heißem Rauche, von schwarzen
>   Schwaden umwoben, weiß er nicht, wohin es ihn führt und
>   nicht, wo er ist; die Willkür der fliegenden Pferde entrafft ihn.

Die Zerstörung schreitet weiter fort, endlich bittet die Erde selbst, Gaia, Zeus um Hilfe: er dürfe die Vernichtung der Welt nicht zulassen, sondern müsse ihr durch seinen Blitz Einhalt gebieten. Zeus reagiert:

met. 2,304–328

>   Doch der allmächtige Vater beschwor die Götter, besonders
> 305 den, der den Wagen gegeben, es werde, schaff' er nicht Hilfe,
>   alles schwerstem Geschick erliegen; dann klimmt er zur höchsten
>   Stelle empor, von der er die weiten Lande in Wolken
>   hüllt, wo den Donner er rührt und die Blitze schwingt und sie schleudert.
>   Keine Wolke hatte er jetzt, in die er die Erde
>   hülle und keinen Regen vom Himmel herab ihn zu senden.
>   Und er donnert und wirft mit Wucht aus der Rechten des Blitzes
>   Strahl vom Ohr auf den Lenker, er stößt aus Wagen zugleich und
>   Leben ihn aus und dämpft mit wütender Flamme die Flammen.
>   Und die Rosse, sie scheun, in jähem Satze nach rückwärts
> 315 sprengen den Hals sie vom Joch und lassen geborsten die Riemen.
>   Hier das Zaumzeug, und da, hinweg von der Deichsel gerissen,
>   liegt die Achse, die Speichen dort der zerbrochenen Räder
>   und weithin die Trümmer zerstreut des zerschmetterten Wagens.
>   Phaëthon aber wirbelt, verheert seine Haare von roten
> 320 Flammen, jäh hinab und stürzt durch die Lüfte in lang sich
>   ziehender Bahn, wie ein Stern bisweilen nieder vom klaren

Himmel, fällt er auch nicht, so doch zu fallen kann scheinen.
Auf nahm der große Eridanus ihn an dem anderen End des
Erdrunds, der Heimat fern, spült er ab sein rauchendes Antlitz.
325 Nymphen des Wests übergaben dem Hügel den Leib, der von Blitzes
dreifacher Flamme noch schwelt und bezeichnen den Stein mit dem Spruche:
‚Phaëthon liegt hier, der des Vaters Wagen bestiegen;
hielt er ihn nicht, ist er doch bei großem Wagnis gefallen.'

Vater Helios und Mutter Klymene trauern um ihren Sohn, auch die
Töchter des Sonnengottes, die Heliaden, beweinen ihren Bruder:
met. 2,340–366

40   Auch des Sonnengotts Töchter, sie trauern nicht minder, sie weihn der
     Tränen vergebliche Spende dem Tod; mit den Händen die Brüste
     schlagend, rufen sie Tag und Nacht den Bruder, der nimmer
     sollt ihren Jammer vernehmen, und werfen sich nieder am Grabmal.
     Viermal hatte der Mond sich, die Hörner schließend, gerundet,
45   als sie, wie es ihr Brauch – zum Brauch war die Übung geworden –
     wieder geschlagen die Brust; da klagt Phaëthusa, der Schwestern
     größte, die eben gewillt sich zu Boden zu werfen, ihr seien
     starr die Füße geworden. Die lichte Lampetie suchte
     hin zu kommen zu ihr – und wird von Wurzeln gehalten.
50   Hier schickt die Dritte sich an, das Haar mit den Händen zu raufen –
     Blätter reißt sie da ab. Die klagt, daß im Stamm ihr die Schenkel
     haften, und die, daß die Arme zu langen Zweigen ihr werden.
     Während sie staunen, siehe! umwächst ihre Weichen die Rinde,
     schließt sich schrittweis um Leib, um Brust, um Schultern und Arme;
55   frei allein nur bleibt der Mund, und er ruft nach der Mutter.
     Was soll die Mutter tun? Als, wie sie es treibt, sich hierin,
     dorthin zu wenden und Küsse, so lang es vergönnt ist, zu tauschen.
     Doch nicht genug! Sie versucht, aus den Stümpfen die Leiber zu reißen,
     bricht mit den Händen dabei die zarten Zweige, da rinnen
60   blutig rot wie aus Wunden hervor aus dem Bruche die Tropfen.
     „Laß, ich bitte dich, Mutter!" ruft jede, wie sie verletzt wird,
     „laß, ich bitte, es wird unser Leib in den Bäumen zerrissen!
     Lebe denn wohl!" Und es wächst in die letzten Worte die Rinde.
     Tränen rinnen aus ihr. Erstarrt in der Sonne, als Bernstein
65   tropfen sie ab vom frischen Gezweig, es empfängt sie der klare
     Strom und sendet sie hin, daß Latiums Töchter sie tragen.

Nachdem Ovid die Metamorphose des Cygnus eingeschoben hat (Kyknos, ein Freund Phaethons, wird in einen Schwan verwandelt, der traurig singend auf dem Eridanos seine Bahn zieht; ὁ κύκνος = lat.: cycnus der Schwan), kommt er noch einmal auf Helios zurück:

met. 2,381–400
Gramvoll düster indes und bar der Zier seiner Strahlen,
wie er zu sehn, wenn verdunkelt der Erd seinen Schein er verweigert,
haßt des Phaëthon Vater das Licht, den Tag und sich selber,
gibt der Trauer sich hin, der Trauer, dazu auch dem Grolle,
385 und er versagt der Welt seinen Dienst. „Genugsam", so spricht er,
„seit Uranbeginn war mein Los die Unruh und über-
drüssig bin ich der Mühn, die ohn End und Ehr ich verrichte.
Irgendein anderer führe den hellespendenden Wagen.
Ist da keiner, gestehen alle Götter, es nicht zu vermögen,
390 fuhr' er ihn selbst, damit er, versuchend unsere Zügel,
niederlege einmal die väterverwaisenden Blitze.
Hat er die Kräfte erprobt der Feuerfüßgen, dann weiß er,
daß den Tod nicht verdient, wer vielleicht nicht gut sie gelenkt hat."
Während er solches spricht, umstehen den Sonnengott all die
395 Götter im Kreise und bitten mit flehenden Stimmen, er mög' im
Dunkel nicht lassen das All. Daß den Blitz er gesendet, entschuldigt
Juppiter selbst und fügt zu den Bitten das Drohen des Herrschers.
Phoebus sammelt die Rosse, die, jetzt noch scheu von dem Schrecken,
rasen voll Angst, und er wütet im Schmerz mit Stachel und Geißel! –
400 wütet, denn ihnen legt er zur Last den Tod seines Sohnes.

(Übersetzung von Erich Rösch, München 1952)

Ergänzung zum zweiten Göttergespräch

Der homerische Hermeshymnus

Unter dem Namen Homers sind uns mehrere „Hymnen" überliefert, die zu bestimmten festlichen Veranstaltungen vorgetragen wurden. Dabei haben sie weniger eine religiös-rituelle Bedeutung, sondern bildeten wohl eher die einleitenden Vorspiele rhapsodischer Vorträge (Prooimia). Diese Hymnen sind jeweils einem Gott gewidmet, sie berichten von dessen Taten und Leistungen. Unter ihnen befindet sich auch ein Gesang auf Hermes.

Hermes preise, o Muse, den Sohn des Zeus und der Maia,
Der die Kyllene betreut und Arkadias riesige Schafzucht,
Ihn, den hurtigen Boten der Götter, den Maia, die liebend
Zeus sich vermählte, gebar, die Nymphe mit prächtigen Zöpfen.
5 Ehrbar war sie und mied der seligen Götter Gesellschaft,
Wohnte in schattiger Grotte, wo oft der Kronide im Dunkel
Nachts sich der Nymphe mit prächtigen Zöpfen gesellte, solange
Hera mit weißen Armen dem süßen Schlummer sich hingab.
Nicht aber sahn ihn unsterbliche Götter und sterbliche Menschen.
10 Aber als der Gedanke des großen Zeus sich erfüllte,
Dann für sie der zehnte Monat am Himmel sich zeigte,
Als das Geschehne ans Licht sich drängte und offenbar wurde,
Da gebar sie ein wendiges, kluges, gewinnendes Knäblein,
Jenen Räuber und Rinderdieb, den Führer im Traumland,
15 Jenen nächtlichen Späher und Torwart. Es war zu vermuten,
Dieses Morgenkind werde bald den unsterblichen Göttern
Ruhmvolle Taten zeigen: Am Mittag spielte es die Leier,
Abends dann stahl es die Rinder Apollons, des Schützen ins Weite.
Maia gebar ihn am vierten Tag zu Anfang des Monats.
20 Da er der Mutter von ihren unsterblichen Knieen heraussprang,
Blieb nicht lange er liegen in seiner göttlichen Schwinge,
Nein! – er machte sich auf und suchte die Rinder Apollons.
Hochgewölbt war die Grotte; da schritt er über die Schwelle,
Tat einen tausendfältigen Glücksfund mit einer Schildkröt –
25 Hermes baut sich ja als erstes die Sängerin Schildkröt –
Kam sie ihm doch am Hoftor entgegengewandelt, wo eben
Üppiges Gras vor dem Hause sie fraß. Sie setzte behäbig
Fuß vor Fuß, bis der hurtige Bote des Zeus sie erblickte.
Lachend sah er sie an und begann sofort seine Rede:
30 Dies ist das nützlichste Treffen für mich, ich will es nicht schelten.
Heil dir, lieblich Gewachsene! Hochwillkommen erscheinst du!
Tänze leitest du, Schmäuse begleitest du, sag woher kommst du,

Herrliche Zier? Im Gebirge hier lebst du, buntes Gehäuse,
Schildkröt! Ich aber trag dich nach Hause, dort wirst du mir nützen.
35 Ehre sei dir dafür, dort wirst du als erste mich fördern.
Ists doch besser daheim – vor der Türe da lauert der Schaden.
Lebst du, bist du ja freilich Bannerin leidvollen Zaubers,
Stirbst du jedoch, dann kannst du herrlichst mir singen! So sprach er,
Hob sie empor mit beiden Händen, ging dann und trug sie
40 Gleich ins Haus die liebliche Zier. Er dreht sie nach oben,
Nahm einen Meißel, grau und eisern, und bohrte der Schildkröt,
Die in den Bergen daheim ist, das Lebensmark aus dem Rückgrat.
Wie wenn ein rascher Gedanke die Brust des Mannes, den Sorgen
Drängen und drücken, plötzlich durchzuckt; oder wie aus den Augen
45 Funken sprühen und wirbeln, so fielen Worte und Taten
Augenblicklich zusammen im Denken des ruhmvollen Hermes.
Also schnitt er nach Maß sich röhrige Halme und fügte
Fest sie ein in die Haut entlang dem Rücken der Schildkröt.
Rindshaut zog er mit klugem Verständnis über das Ganze,
50 Setzte bogige Arme daran, verband sie durch Querholz,
Spannte aus Schafdarm sieben Saiten und stimmt sie zusammen.
Fertig war nun die liebliche Zier. Er nahm sie und prüfte
Mit dem Plektron Saite um Saite. Da! Unter den Händen
Dröhnte es mächtig. Doch schön erklangs, wenn der Gott in den Pausen
55 Stegreiflieder versuchte, wie jugendliche Gesellen,
Die sich bei üppigen Mählern necken mit scherzendem Zankwort.
Neben Zeus, dem Kroniden, und Maia, der herrlich Beschuhten,
Nannte er den, den sie vorher gekost in vertraulicher Liebschaft,
Nannte mit Namen sein eignes berühmtes Geschlecht. Auch der Mägde
60 Dachte er ehrend und auch des strahlenden Hauses der Nymphe,
Wo sich in Menge befinden gefüllter Kessel und Dreifuß.
Dies war der Stoff seiner Lieder, doch anderes sann er im Herzen.
Nahm zunächst die gewölbte Leier und barg sie in seiner
Heiligen Schwinge. Dann spürt er Verlangen nach Fleisch; darum sprang er
65 Fort aus dem duftenden Haus um allseits zu spähn; denn im Herzen
Holte er aus zu verwegenem Trug, derart wie das Diebsvolk
Planvoll schreitet zur Tat in der Nächte schwärzester Stunde ...

(Übersetzung von Anton Weiher, München 1970)

Ergänzung zum fünften Göttergespräch

In der Ilias 8,18–26 heißt es:
εἰ δ' ἄγε πειρήσασθε, θεοί, ἵνα εἴδετε πάντες·
σειρὴν χρυσείην ἐξ οὐρανόθεν κρεμάσαντες
πάντες τ' ἐξάπτεσθε θεοί πᾶσαί τε θέαιναι·
ἀλλ' οὐκ ἂν ἐρύσαιτ' ἐξ οὐρανόθεν πεδίονδε
Ζῆν' ὕπατον μήστωρ', οὐδ' εἰ μάλα πολλὰ κάμοι τε.
ἀλλ' ὅτε δὴ καὶ ἐγὼ πρόφρων ἐθέλοιμι ἐρύσσαι,
αὐτῇ κεν γαίῃ ἐρύσαιμ' αὐτῇ τε θαλάσσῃ·
σειρὴν μέν κεν ἔπειτα περὶ ῥίον Οὐλύμποιο
δησαίμην, τὰ δέ κ' αὖτε μετήορα πάντα γένοιτο.

Diese Worte spricht Zeus, um den olympischen Göttern gegenüber der Gültigkeit seines Verbotes, sich am Kampf zu beteiligen, Nachdruck zu verleihen, indem er auf seine Kraft und Machtvollkommenheit hinweist. Seine Absicht ist es, durch das Verbot der Einmischung die Niederlage der Achaier (Griechen) einzuleiten.

Wenn aber ...[1] – auf! versucht es Götter! daß ihr es alle wißt:
Hängt ein Seil, ein goldenes, auf, herab vom Himmel,
Und alle faßt an, ihr Götter, und alle Göttinnen!
Doch werdet ihr nicht vom Himmel auf den Boden niederziehen
Zeus, den höchsten Ratgeber, auch nicht, wenn ihr euch noch so sehr müht.
Doch sobald auch ich dann im Ernste ziehen wollte:
Mitsamt der Erde zöge ich euch hinaus und mitsamt dem Meer;
Und das Seil bände ich dann um die Spitze des Olympos,
Und in der Schwebe hinge dann das alles.

Im ersten Buch der Ilias wird berichtet, wie Achill sich bei seiner Mutter darüber beklagt, daß er Briseis, eine Sklavin, zu der er größte Zuneigung und Liebe empfand, herausgeben mußte. Er bittet sie, ihm zu helfen, wie sie Zeus ja auch schon einmal geholfen habe (1,393–406):

„Doch du, wenn du es vermagst, nimm dich an deines tapferen Sohnes.
Geh zum Olympos und flehe zu Zeus, wenn du denn jemals
Gefällig warst mit einem Wort dem Herzen des Zeus oder einem Werk.
Denn oft habe ich dich in den Häusern des Vaters dich rühmen hören,
Wie du sagtest, daß du dem schwarzwolkigen Kronion
Allein unter den Unsterblichen das schmähliche Verderben abgewehrt,
Als ihn binden wollten die andren Olympier:

---

[1] D. h. „wenn ihr gegen das Verbot verstoßt".

Here und auch Poseidon und Pallas Athene.
Aber du kamst, Göttin, und löstest ihn von den Fesseln,
Da du schnell den Hundertarm riefst zum großen Olympos,
Den Briareos die Götter nennen, alle Menschen aber
Aigaion, denn der ist stärker an Kraft als sein Vater Poseidon.
Und er setzte sich nieder bei Kronion, seines Prangens froh,
Und vor dem fürchteten sich die seligen Götter und banden ihn nicht."
(Übersetzung von Wolfgang Schadewaldt, Frankfurt/Main 1975)

Literaturverzeichnis

Es ist geplant, ein Lehrerheft zu dieser Ausgabe zu erstellen, das jeweils eine ausführliche Analyse der einzelnen Gespräche wie auch des Enhypnions und auch methodische Hinweise (insbesondere zur Anlage des Lernvokabulars) bringt. Die Literatur zu Lukian, die für eine Arbeit an den Göttergesprächen im Unterricht Nutzen bringt, ist sehr begrenzt. Es sei daher nur auf folgende Werke hingewiesen:

1. *Text und Übersetzung:*
K. Mras, Die Hauptwerke des Lukian, gr. u. dt. München ²1980 (Tusculum).
C. M. Wieland, Lukian von Samosata, Lügengeschichten und Dialoge Nördlingen 1985 (Nachdr. des Erstdr.: Lucians von Samosata Sämtliche Werke. 6 Theile, Leipzig 1788/89).

2. *Zur Interpretation:*
R. Helm, Art. Lukianos RE 13,2 (1927) 1725–1777.
Ders., Lucian und Menipp, Leipzig Berlin 1906 (Nachdr. Hildesheim 1967).
P. B. Hophan, Lukians Dialoge über die Götterwelt, Diss. Freiburg i. d. Schweiz 1904.
K. Jacobitz, Ausgewählte Schriften des Lucian, für den Schulgebr. erkl., Leipzig 1883 (Bd. 2).
O. Schmidt, Lukians Satiren gegen den Glauben seiner Zeit, Progr. Solothurn 1900.
O. Wichmann, Lucian als Schulschriftsteller, Progr. Eberswalde 1887.